MW01708777

NATIONAL GEOGRAPHIC
GUIDE PRATIQUE DE LA PHOTO
Paysages

NATIONAL GEOGRAPHIC

GUIDE PRATIQUE DE LA PHOTO

Paysages

LES SECRETS POUR RÉUSSIR VOS PHOTOS

ROBERT CAPUTO

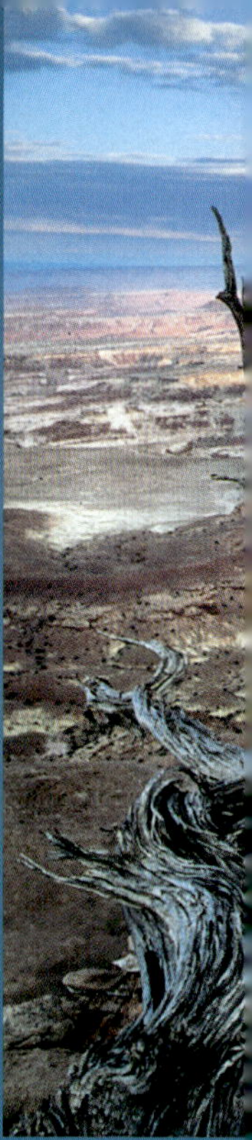

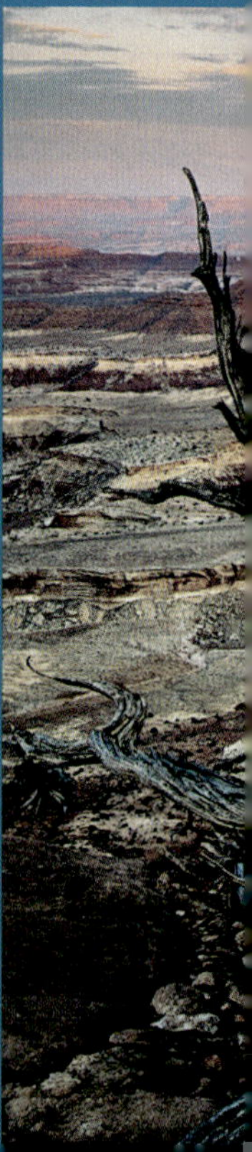

Pour photographier un vaste panorama, vous n'avez pas toujours intérêt à choisir un objectif grand-angle. Pour cette scène du Sud-Ouest américain, un objectif de 28 mm donne l'impression que la butte rouge se perd dans le lointain (en haut). En reculant et en choisissant un 60 mm, le photographe a repris les mêmes éléments et bien mis en valeur la colline. Remarquez aussi l'utilisation faite de l'arbre mort pour diriger le regard vers la colline rouge.

Bruce Dale

NATIONAL GEOGRAPHIC

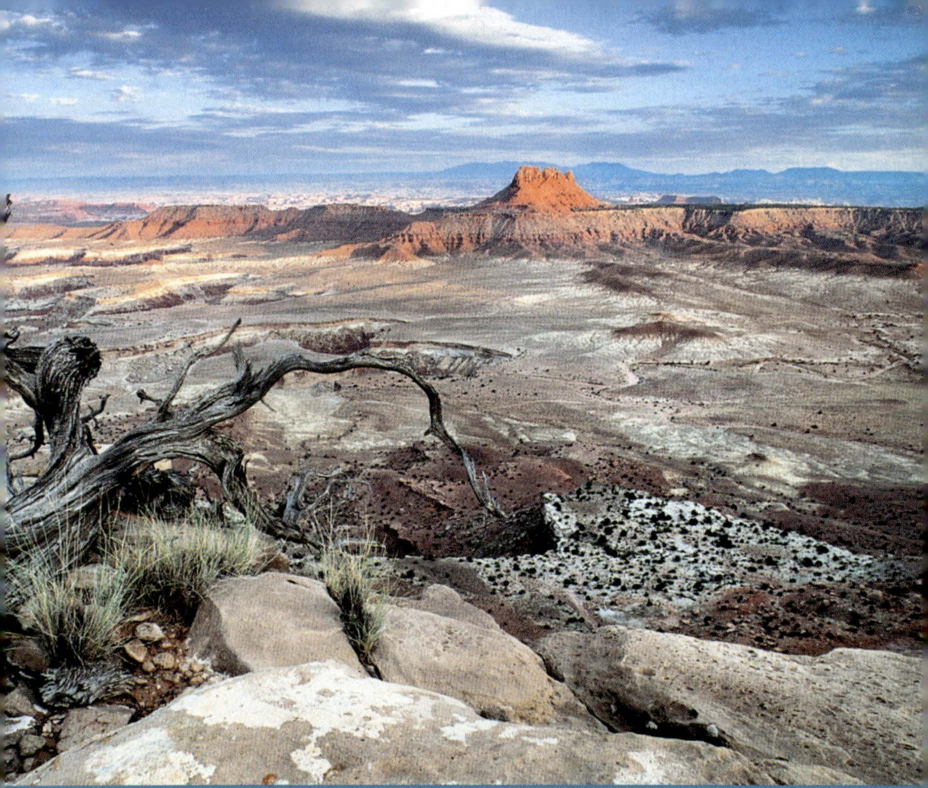
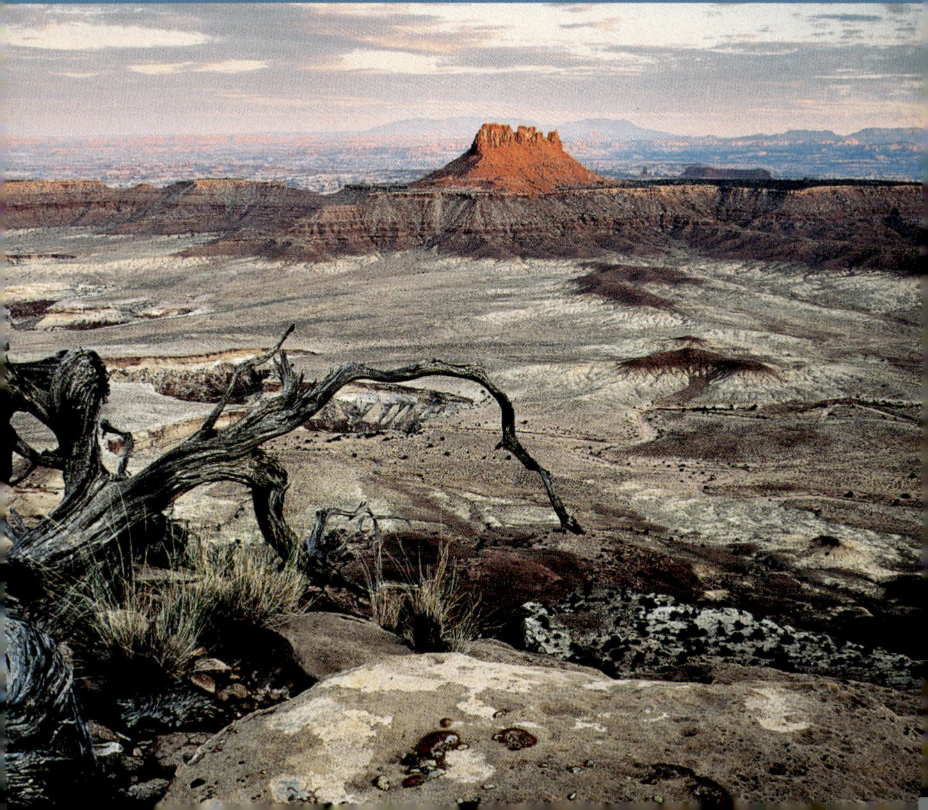

SOMMAIRE

PAGE CI-CONTRE : Lorsqu'on regarde des photos du désert, on doit avoir chaud. Le photographe, en incluant le soleil et en sous-exposant, a réussi à sursaturer les couleurs, ce qui donne cette image presque entièrement graphique d'un désert devenu un peu extraterrestre.

Thomas J. Abercrombie

NOUS VIVONS UNE ÉPOQUE ÉTONNANTE. Je peux vous décrire le sommet de l'Everest, la Forêt-Noire, le désert de Gobi, le marais poitevin et même la surface de la lune – alors que je n'y ai jamais mis les pieds. Je peux même vous parler de leur caractère, de l'impression qui se dégage de ces endroits. Ces connaissances, je les dois aux excellentes photos que j'ai vues, des photos qui non seulement montrent le lieu, mais en transmettent le caractère.

Chaque endroit – montagne, forêt, désert ou plaine – possède ses qualités, son ambiance, sa personnalité. Le photographe de paysages a pour mission de faire passer ces sensations dans les éléments visuels, puis de trouver des manières de les saisir et de les communiquer. Le regard et la réflexion sont les outils les plus indispensables, et, comme dans tout genre photographique, il est essentiel de comprendre le sujet et de décider ce qu'on veut en dire. Si vous décidez de vous lancer dans les photos de paysages, tentez des expériences, essayez des objectifs et des angles différents, marchez jusqu'aux points de vue, revenez souvent pour bénéficier de la lumière qui saisit le mieux l'ambiance. Une photo réussie permet au spectateur d'accomplir le voyage avec ses yeux et son cœur, d'éprouver ce que le photographe a senti. Une bonne photographie de paysage saisit l'esprit du lieu.

Après nos familles, les paysages sont souvent nos sujets favoris, mais ils sont sans doute aussi les plus délicats. Il n'est pas facile de rendre une scène sublime sur un petit bout de film. Ce guide vous permet d'étudier les aspects psychologiques, la com-

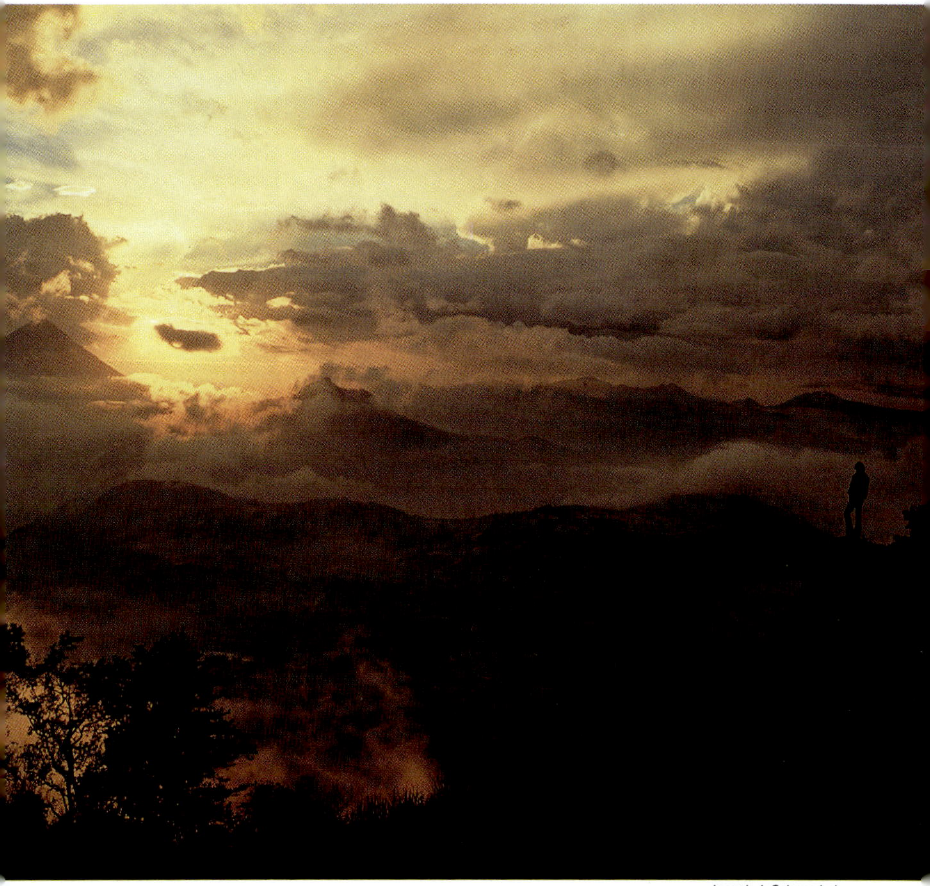

Joseph J. Scherschel

position, la lumière et le matériel qui entrent dans la réalisation d'une bonne photo de paysage, mais aussi les points pratiques (quoi, quand, comment prendre un bon cliché). Trois photographes du NATIONAL GEOGRAPHIC, dont les images du monde entier vous ont fait rêver, vous livrent leurs conseils et leurs astuces. La photo, c'est comme le piano, le golf ou tout autre violon d'Ingres : plus vous y réfléchissez et plus vous pratiquez, plus vous progresserez. Que ce livre vous serve de tremplin pour explorer par la photographie le monde qui vous entoure.

La qualité de la lumière est essentielle en photographie de paysages. Ici, le soleil couchant illumine à contre-jour les montagnes et le brouillard. À droite, la silhouette qui donne l'échelle introduit une dynamique de perception visuelle.

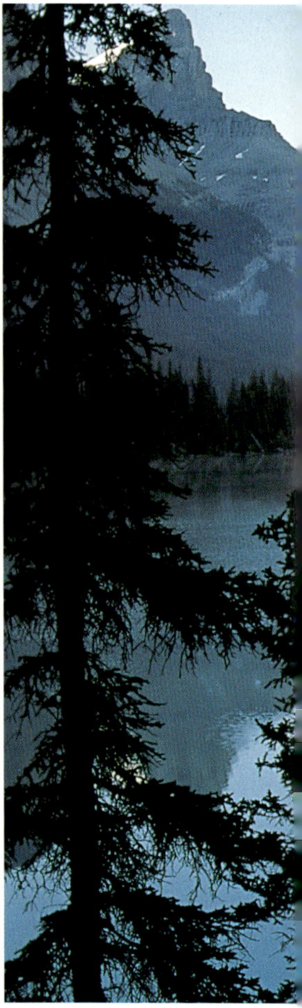

Sentir le paysage

NOUS AVONS TOUS FAIT CETTE EXPÉRIENCE : vous traversez un pays magnifique et vous vous arrêtez à chaque point de vue pour prendre des photos dont vous êtes sûr qu'elles rendront la grandeur de ce que vous admirez. Puis, les films sont développés, et c'est la grosse déception : tout est plat, ennuyeux. Les éléments qui vous ont enchanté sont tous là, mais pas la sensation. Pourquoi ?

Quand nous regardons une scène, nos yeux la parcourent et effectuent une mise au point sélective sur ce qui nous plaît. Notre champ de vision embrasse une grande partie de la scène, mais nos yeux et notre cerveau sont capables de s'abstraire de tout ce qui est secondaire. L'objectif et le film n'en sont pas capables ; ils ont besoin de votre aide. Les photos étant à deux dimensions, un élément, la troisième dimension, en est automatiquement éliminé. Et bien sûr, quand nous contemplons une scène réelle, tous nos sens contribuent à la sensation : le bruissement des feuillages, l'odeur de la terre retournée, le goût de l'air marin ou la caresse de la brise sur notre joue. Pour rendre le véritable esprit d'un lieu, la photo de paysage doit mobiliser d'autres sens que la vue.

Si vous regardez attentivement cet îlot et son reflet, vous sentez l'air vif de la montagne et la pureté de l'eau du lac. L'arbre à gauche et les lignes directrices à droite guident notre regard à l'intérieur du cliché.

Ouvrir grand les yeux

Pour saisir le sens d'un lieu, vous devez tout d'abord déterminer ce qui vous a poussé à vous arrêter. Qu'est-ce qui, dans cette scène, a retenu

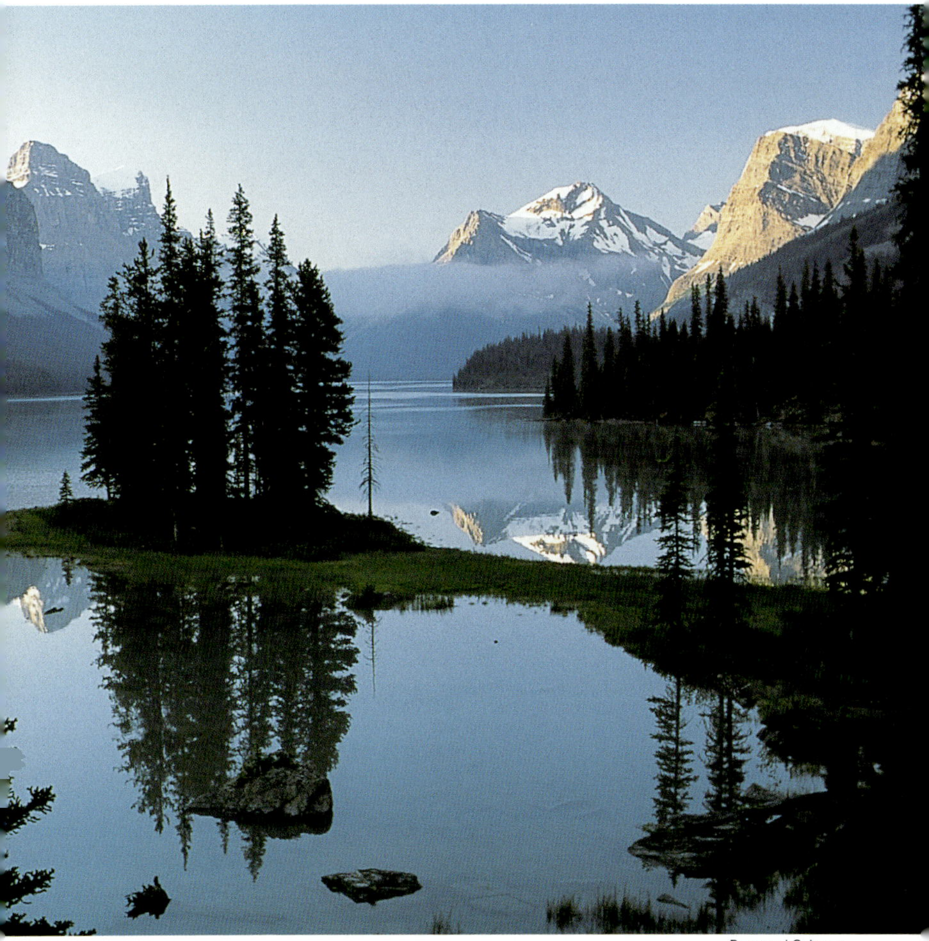

Raymond Gehman

votre attention et vous a donné envie de la photographier ? Le sommet lointain d'une montagne ? Les jeux de lumière sur l'eau ? La couleur des feuillages d'automne ou le ciel immense ? Ce détail de la scène qui vous a parlé, c'est lui qui doit constituer le centre d'intérêt de votre photo. Ensuite, regardez bien le paysage devant vous. D'autres détails vous aideront-ils à concentrer l'attention sur ce centre d'intérêt ? Peut-être est-ce une rivière ou une route qui se dirige en louvoyant vers une montagne, un vieux

PAGES SUIVANTES :
L'aridité de ce paysage, valorisé par l'arbre solitaire, est soulignée par les rayons obliques du soleil couchant. Le message est renforcé par l'usage de la règle des tiers et la grande profondeur de champ.

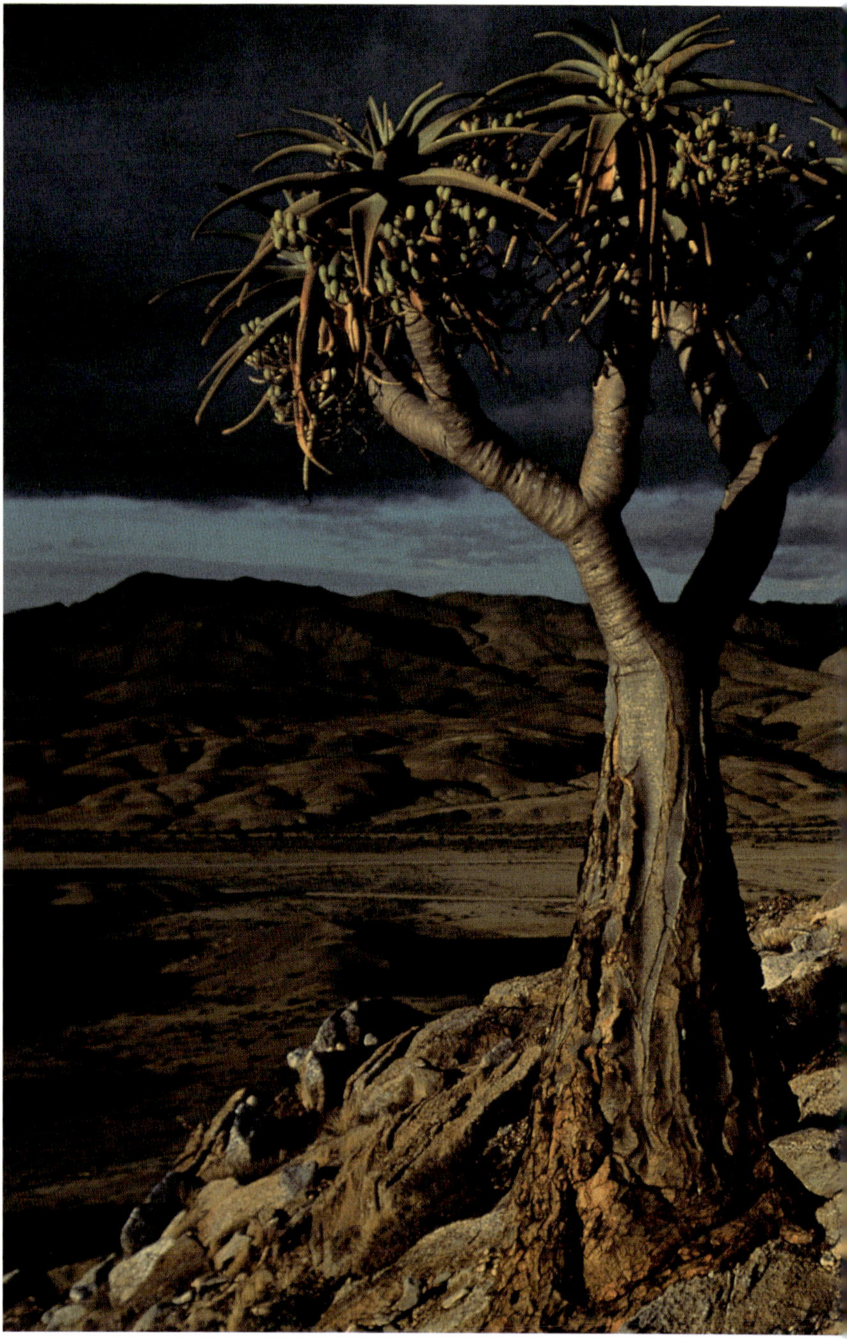

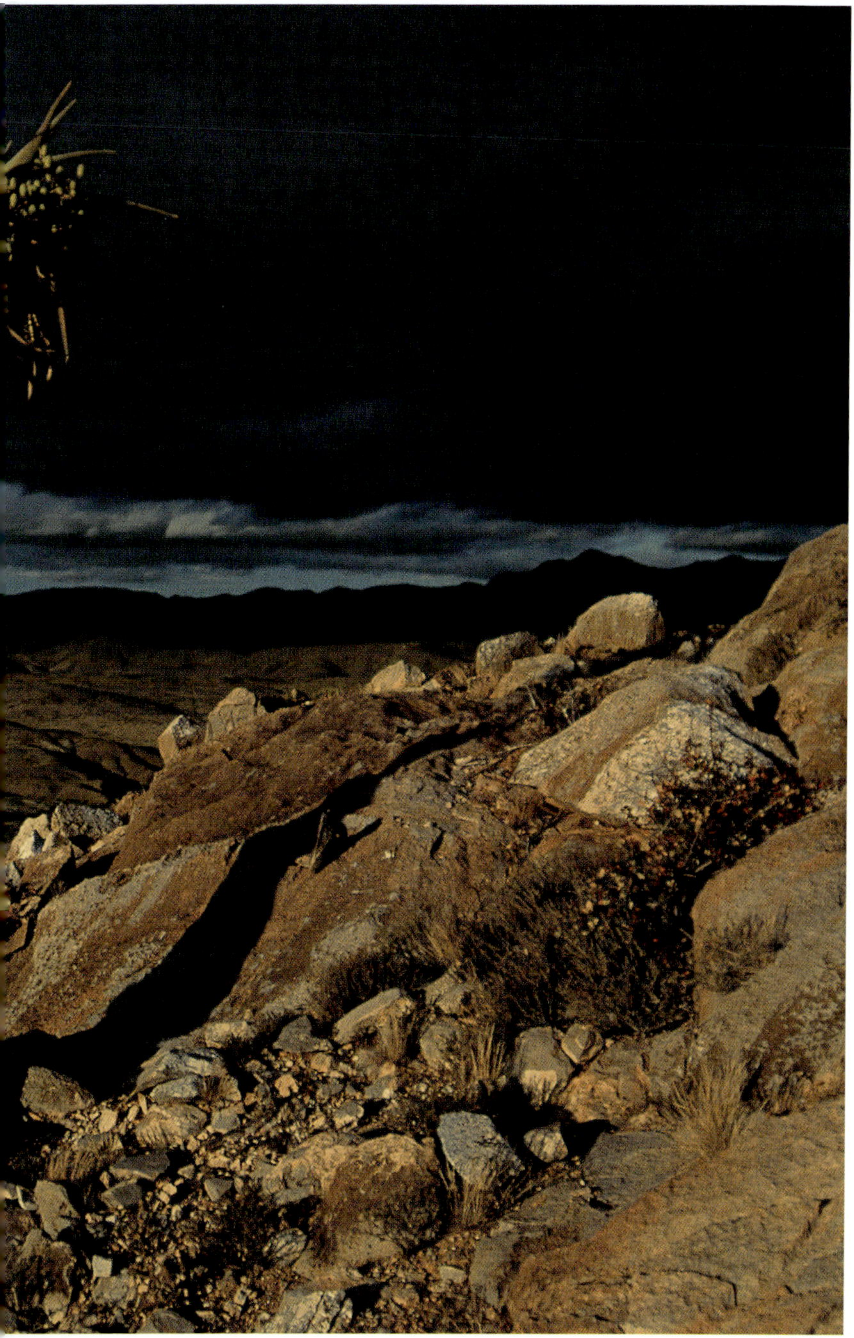

Chris Johns

mur de pierre qui divise un champ ou un arbre rouge vif seul au milieu d'un bosquet d'arbres jaunes ? Vous devrez sans doute marcher un peu pour intégrer tous ces éléments et dénicher le bon angle. Une différence de quelques degrés vers le haut ou le bas, la droite ou la gauche peut avoir des conséquences incroyables pour la photo. Entraînez-vous à trouver le meilleur angle. Ne vous fiez pas trop aux « points de vue » qui jalonnent les routes, car ils ont été placés par les constructeurs des routes et non par des photographes.

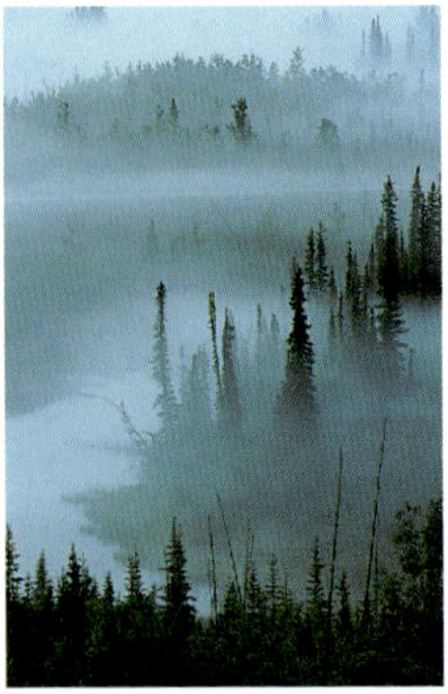
George F. Mobley

Regardez aussi comment la lumière tombe sur votre sujet et demandez-vous où elle se situe plus tôt ou plus tard dans la journée. Vous devrez peut-être revenir à une autre heure, voire pendant une autre saison pour capter l'effet que vous cherchez. Nous aborderons les lignes directrices, le cadrage et les autres techniques de composition, ainsi que la lumière et les facteurs atmosphériques dans les chapitres suivants. Mais souvenez-vous que vous devez bien observer une scène avant de la photographier.

Penser par adjectifs

Une fois que vous avez repéré ce qui vous plaît, interrogez-vous sur le caractère de l'endroit. Décrivez-le avec des adjectifs précis : un chêne majestueux, un phare perdu sur les rochers, un jardin luxuriant, une plaine infinie, etc. Cherchez, ensuite, comment mettre en valeur ce caractère avec les éléments physiques (que vous pouvez photographier) et la qualité de la lumière.

Par exemple : le phare ne semblera pas perdu si vous le photographiez en plein jour et qu'il occupe tout le cliché – la photo sera belle mais ne rendra pas l'idée d'isolement. Servez-vous de l'océan ou du promontoire rocheux sur lequel il se dresse pour donner une idée de sa vocation. Essayez de le photographier à l'aube ou au crépuscule, quand son

Point pratique

Prenez votre temps pour explorer. L'un des plaisirs de la photographie de paysage, c'est ce travail en pleine nature. Promenez-vous, laissez-vous impressionner : il faut du temps et de la patience pour découvrir les subtilités d'un lieu.

rayon lumineux peut impressionner le film, de préférence dans le brouillard ou quand une mer tumultueuse l'enveloppe d'embruns. Cette image, beaucoup plus évocatrice, sera très différente de celle du phare en plein soleil. Les photos doivent montrer, mais aussi raconter le sujet.

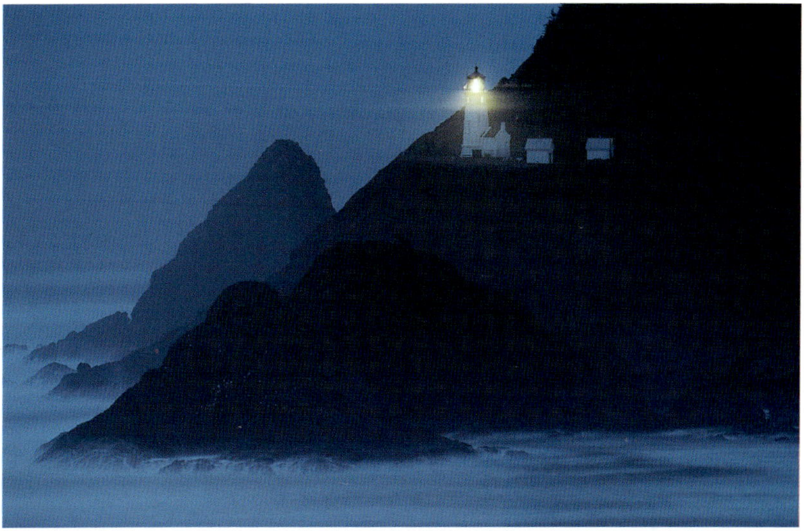

Cotton Coulson

L'heure et le temps ont une grande influence sur la qualité de la photographie de paysages. Pour mettre en valeur le phare, photographiez-le à l'aube. Sur la photo ci-dessus, le photographe a intégré assez de rochers pour évoquer les dangers que le phare signale. Sur la page ci-contre, le photographe s'est servi d'un téléobjectif pour concentrer la scène et en dégager toute la mélancolie.

Découvrir de nouveaux paysages

Pour photographier de nouveaux paysages, documentez-vous : n'hésitez pas à aller en bibliothèque, feuilletez tous les guides de voyages et les livres de photos sur cet endroit ; consultez les sites Internet des magazines de voyages afin de voir si leurs archives contiennent des articles sur ce lieu. Une fois sur place, regardez les cartes postales et les brochures. Discutez avec les chauffeurs de taxi et le personnel de votre hôtel. Cela vous donnera une idée de ce qui vous attend et vous fera gagner beaucoup de temps. Bien sûr, vous ne copierez pas les photos des autres, mais, c'est en étudiant comment ils ont traité l'endroit que vous trouverez vos propres idées.

Point pratique

Imaginez votre photo, comme un peintre qui fixe une image sur la toile. Puis pensez à l'heure, à la lumière et à la composition qui traduiront votre vision sur le film.

Le temps est le plus important des investissements pour faire de bonnes photos de paysages. Quand vous arrivez dans un endroit que vous ne connaissez pas encore, commencez par suivre tous les conseils donnés plus haut. Puis, explorer, en voiture ou à pied, les différents lieux pour repérer les points de vue. Cette étape est indispensable. Prenez un compas pour déterminer où le soleil se lève et se couche, et imaginez l'endroit sous des éclairages différents. Il faut vous entraîner un peu, parce que vous devez aussi repérer les endroits qui ne seront pas éclairés. S'il s'agit d'un canyon, vous découvrirez que la paroi ouest est magnifiquement éclairée de bon matin. Mais si le canyon est profond, la paroi sera plongée dans une ombre telle que le film ne rendra qu'une masse noire. Si ce n'est pas l'effet que vous recherchez, modifiez votre composition, choisissez une heure plus tardive ou revenez par temps couvert pour que le film puisse traiter les deux parois.

Regardez la scène à travers différents objectifs, du grand-angle au zoom, et voyez comment ils la transforment. Demandez-vous si vous voulez comprimer la scène avec un objectif long ou l'élargir avec un objectif court. Cherchez les éléments du premier plan ou de la composition qui peuvent mettre en valeur l'image. Puis établissez votre pro-

Regardez toujours votre sujet de plusieurs points de vue. La photo du haut de la ville fortifiée de Lo Manthang au Népal est bonne, mais en escaladant une colline, j'ai pu montrer sa disposition, ainsi que les pics enneigés que cachaient les collines. La présence des montagnes offre une meilleure idée du cadre.

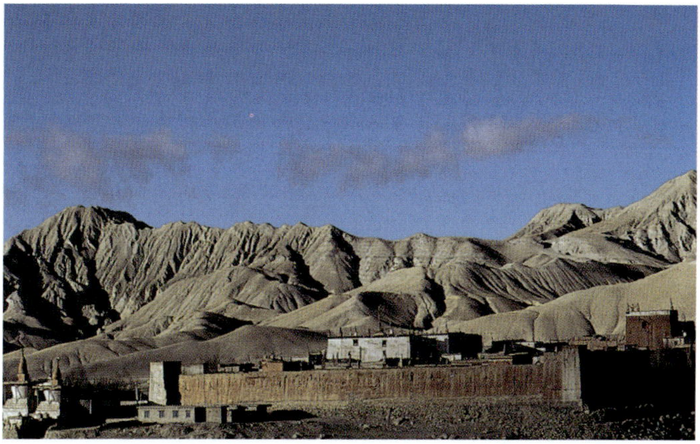

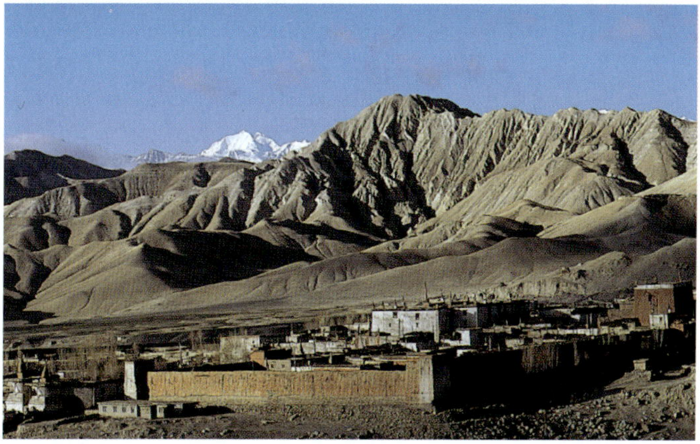

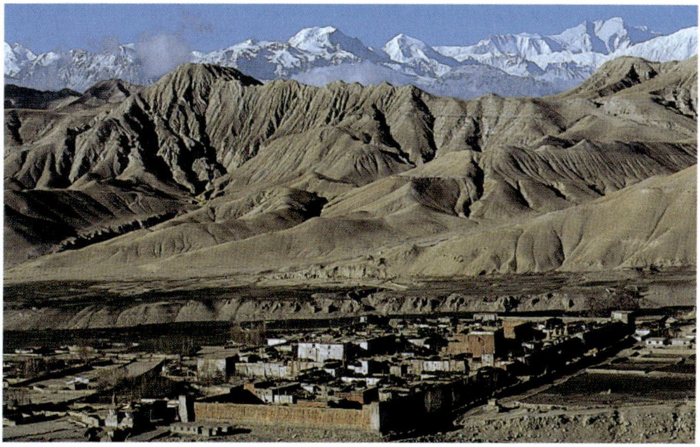

Robert Caputo (toutes)

gramme et dressez la liste du matériel nécessaire – si vous voulez faire des photos avant l'aube, il vous faudra en général un trépied. Enfin, consultez la météo, et prévoyez un autre programme si le temps se détériore.

C'est souvent une bonne idée de se lever très tôt le matin pour être sur place, fin prêt, quand la première lueur du jour pointe à l'horizon. Prévoyez des points de vue rapprochés pour les prises de vue effectuées avant l'aube, au lever du soleil et tôt le matin, afin de ne pas perdre un temps précieux à vous déplacer : la lumière fabuleuse ne dure pas longtemps. D'où l'intérêt d'effectuer un repérage minutieux au préalable. Tôt le matin et tard dans l'après-midi, la lumière du soleil est plus chaude (plus rouge) qu'à midi (voir à ce propos « L'heure », p. 73). Il s'avère beaucoup plus avantageux de passer un peu de temps dans un ou deux endroits que de courir dans tous les sens. Rappelez-vous qu'une très bonne photo d'un paysage vaut mieux qu'une kyrielle de photos médiocres d'un tas d'endroits.

Cette approche vous permet d'être créatif. Une fois que vous avez pris la photo que vous aviez en tête, innovez, essayez des choses très différentes : montez sur un arbre, servez-vous d'une fleur au premier plan, essayez un autre objectif ou une vitesse d'obturation lente. Jouez avec le sujet et votre matériel. Amusez-vous. Vous serez surpris des résultats et souvent vous saisirez quelque chose de plus que ce que montrent les cartes postales – quelque chose de très personnel.

Un exercice important

Pour vraiment comprendre comment la lumière, l'angle ou la composition peuvent jouer sur une photo, faites l'exercice suivant : trouvez un endroit près de chez vous (agréable et intéressant), comme un jardin, un parc dans lequel il y a une statue, quelques arbres, qui constitue un sujet convenable pour une photo de paysage et qui soit assez près de chez vous pour que vous n'ayez pas d'excuses pour ne pas y aller. Pensez à cet endroit et aux sentiments que vous voulez rendre avec vos photos. Puis réalisez vos photos à différentes heures de la journée, et par tous les temps : à l'aube, tôt le matin, à midi, en fin d'après-midi, au crépuscule, par temps ensoleillé, nuageux, pluvieux ou brumeux. Suivez aussi les saisons pour voir comment elles influencent l'ambiance rendue par les photos. Faites des essais avec les objectifs et les angles. Les clichés vont vite s'amonceler, mais si vous les disposez les unes à côté des autres, la différence entre les bonnes et les ratées vous sautera aux yeux. Et vous saurez pourquoi, puisque vous connaissez les conditions dans lesquelles vous avez pris chaque photo. Les connaissances tirées de cet exercice vous serviront en toutes circonstances.

Étudiez la manière de procéder des autres photographes. Les peintres se penchent sur les œuvres des maîtres pour améliorer leur travail, et nous pouvons les imiter en consultant des ouvrages en bibliothèque et en librairie. Si vous voulez photographier des déserts, consultez des ouvrages sur ce thème. Quand vous tombez sur une photo qui vous frappe, il est nécessaire de vous questionner : comment le photographe a-t-il cadré la photo ? Quel est le centre d'intérêt ? À quelle heure et en quelle saison a-t-il pris cette photo ? Où était l'appareil ? La profondeur de champ est-elle importante ou réduite ? Si une image retient votre attention, dites-vous qu'il y a toujours une raison, et cette raison est déchiffrable.

Point pratique

Une fois que vous avez pris la photo à laquelle vous pensiez, rapprochez-vous du sujet et recommencez : le sujet, vu de plus près, vous fera une impression différente.

Voir et réfléchir

Dans tout genre photographique, voir et réfléchir sont les deux aspects les plus importants. En général, comme vous n'êtes pas trop pressé quand vous

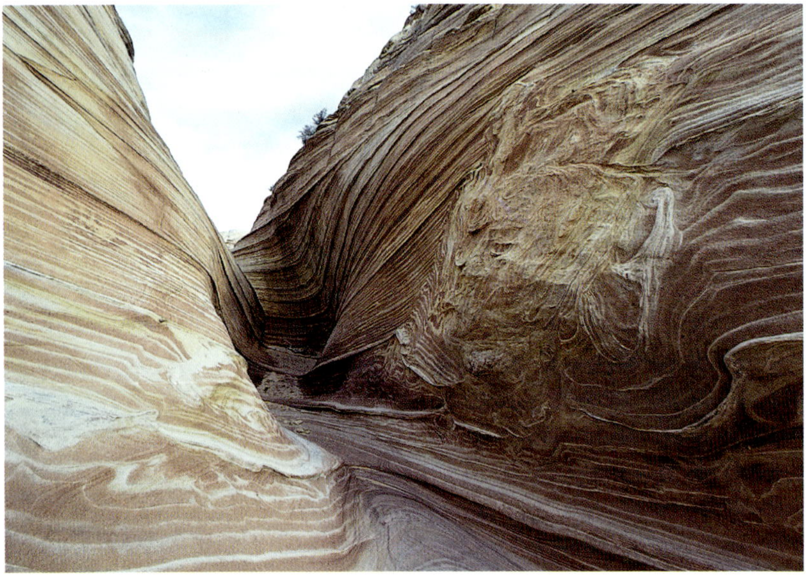

Point pratique

Découpez dans un morceau de carton un cadre du même format que votre film. Regardez la scène à travers ce cadre pour voir si l'image vous plaît. Si vous l'approchez de votre œil, il produira le même effet qu'un grand-angle ; si vous l'éloignez, il fera l'effet d'un téléobjectif.

photographiez un paysage, prenez le temps de regarder dans le viseur. L'image aperçue dans le petit rectangle est-elle digne de figurer sur une page de magazine, dans votre album photo ou encore sur le mur de votre living ? Imaginez que vous allez montrer ce cliché à un ami qui ne connaît pas la région photographiée. Ce que vous voyez rend-il l'aspect et l'esprit de la scène ? Si c'est non, n'appuyez pas sur le déclencheur. Comment pouvez-vous améliorer l'image ? Par la lumière, l'angle ? En revenant plus tard, en vous allongeant ? Tous les paysages sont photogéniques, à vous de découvrir comment.

Dans les chapitres suivants, nous allons explorer les moyens techniques et esthétiques pour composer et éclairer vos photos, pour rendre sur le film ce que vous ressentez face à un paysage. Cette sensation est essentielle à la réussite de vos photos : quelque chose dans la nature vous a ému, vous voulez en garder la trace. Considérez ces techniques comme des outils dont vous vous servez pour exprimer votre vision du monde.

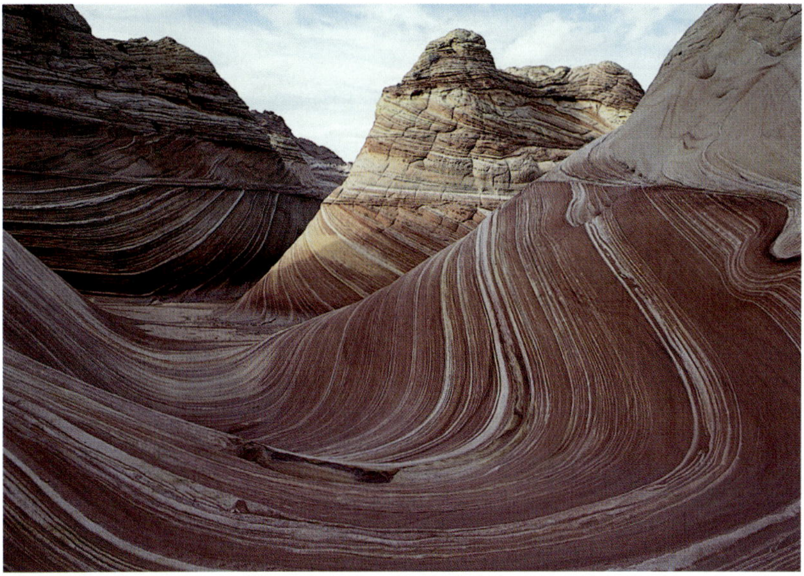

Explorez avec vos pieds et vos yeux. Le photographe a produit une image intéressante avec les stries ondulantes de ce canyon. Pour les photos de cette page, il s'est servi d'un grand-angle et d'une grande profondeur de champ pour rendre les contorsions des roches et donner une idée de leur ampleur.

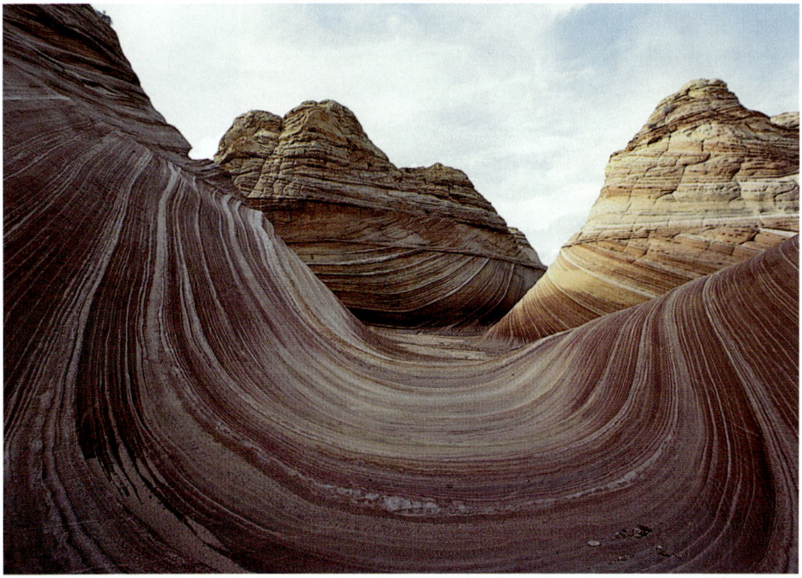

James P. Blair (toutes)

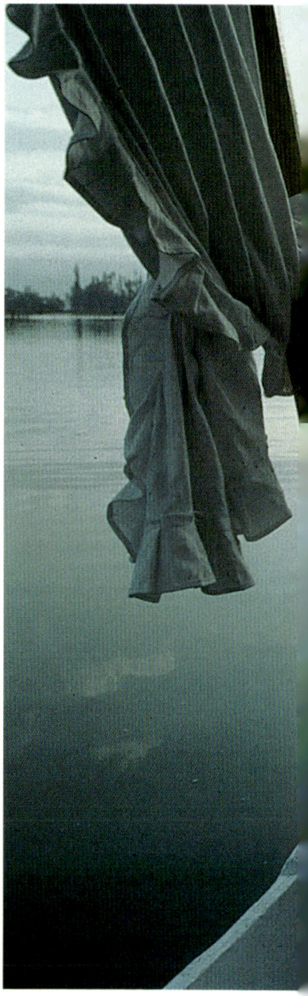

Les trois éléments de la photographie

LA PHOTOGRAPHIE COMPORTE TROIS ÉLÉMENTS : le sujet, les manipulations techniques pour enregistrer l'image et l'esthétique de la composition et de la lumière. Beaucoup de photographes se sentent attirés par un type précis de sujet, que ce soient les paysages, le portrait ou la faune. L'aspect technique, grâce à sa logique, est assez facile à apprendre avec un peu de pratique : le choix du film et de l'objectif, la mise au point, le flash d'appoint, etc. Les choix esthétiques sont plus complexes, parce qu'ils relèvent de la vue, de sa vision personnelle et de ses préférences.

Pour faire des photos, il n'existe pas de mauvaise méthode. Mais il est facile de constater que certaines techniques réussissent mieux que d'autres. Les bonnes photos sont celles dont la composition – l'esthétique – convient au sujet pour véhiculer une information précise ou évoquer un sentiment.

Si le but de la photographie consiste à communiquer un fait ou un sentiment (ou les deux), alors il faut que les photos soient aussi parlantes que possible. C'est comme écrire une phrase. Il existe toutes sortes de manières de dire la même chose, la meilleure étant celle qui touche et informe le lecteur. Avec un bon vocabulaire et des notions correctes de grammaire, vous n'avez pas de problèmes pour vous exprimer avec des mots. Apprendre la composition en photographie revient à enrichir son vocabulaire et sa grammaire de la représentation visuelle.

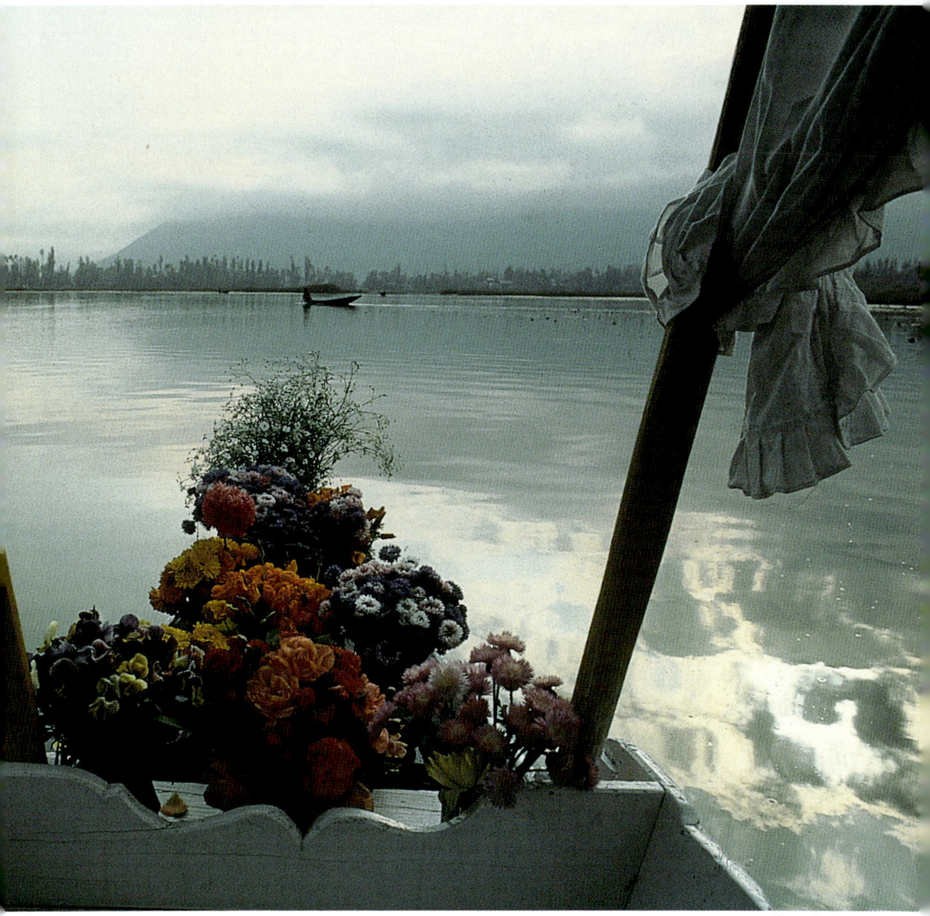

Sam Abell

Ne respectez pas toujours les règles. Les diagonales et le triangle qui pointe vers l'extérieur guident le regard dans la scène selon la technique des lignes directrices. Centrer les fleurs et le bateau s'est avéré ici une bonne idée.

Dans ce chapitre, nous allons étudier les techniques de composition qui permettent d'améliorer l'efficacité de vos photos et du message que vous voulez transmettre. Pensez à ces techniques et gardez-les bien en mémoire pour quand vous êtes sur le terrain. Ces méthodes ne sont pas des règles rigoureuses qu'il faut suivre absolument : ce sont des outils qui enrichissent votre répertoire visuel, et qui vous aident à exprimer votre vision des choses. Les grands peintres ne deviennent pas des génies du jour au lendemain. Ils commencent par

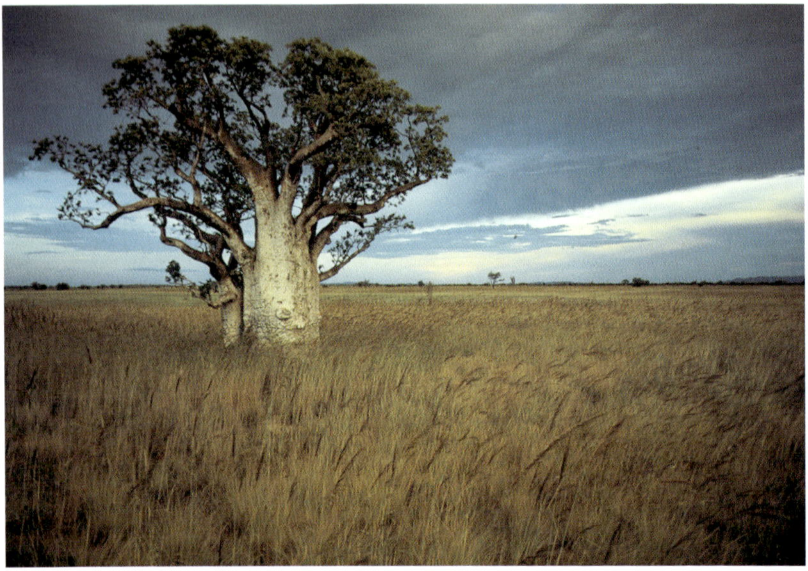

Sam Abell (ci-dessus et à droite)

Le baobab est de toute évidence le centre d'intérêt de ces photos, et il ressort aussi bien sur l'une que sur l'autre. Mais la photo ci-dessus, qui respecte la règle des tiers, est moins réussie. En plaçant le baobab au centre de la photo – ce qui est déconseillé d'habitude –, le photographe traduit le mystère de cet arbre magnifique qui a surgi en plein milieu de la savane. Chaque situation est unique : trouvez la technique qui convient le mieux.

étudier les autres peintres, par travailler avec leur matériel – couleurs et toiles – jusqu'à ce qu'ils les comprennent, et par dessiner d'après la nature, qu'il s'agisse de natures mortes, de figures ou de paysages. Les musiciens font leurs débuts avec des gammes et des morceaux simples. Une fois qu'ils maîtrisent les rudiments de leur art, ils peuvent passer à l'expression personnelle. Les photographes doivent également connaître les règles avant de pouvoir les ignorer, pour ensuite être en mesure d'exprimer leurs sentiments librement dans leurs clichés. Essayez les techniques décrites ici, puis étudiez les résultats pour voir leur influence sur votre photographie.

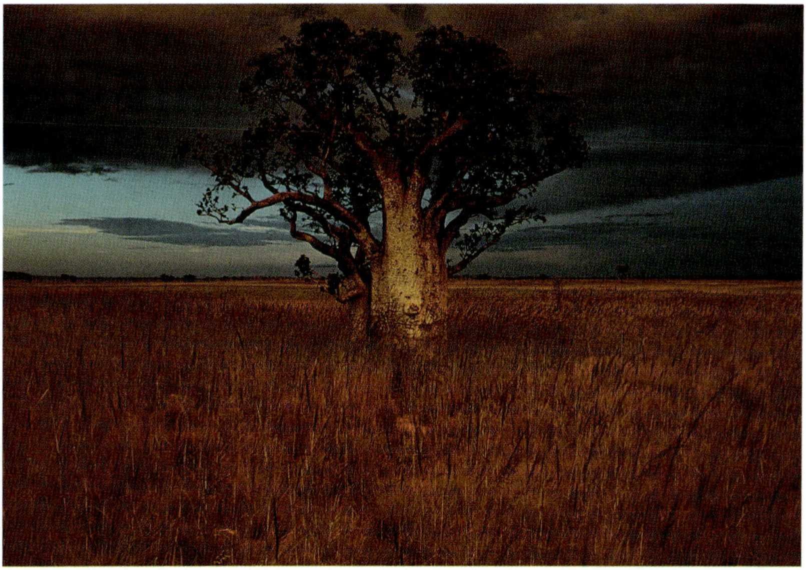

Le centre d'intérêt

Chaque photo possède un centre d'intérêt – c'est ce qui vous a parlé, ce qui vous a déterminé à tourner votre appareil dans cette direction. Vous devez vous assurer que le spectateur voit lui aussi ce centre d'intérêt. Nous regardons les photos un peu comme nous lisons un texte, c'est-à-dire, dans notre culture, de gauche à droite et de haut en bas. Les lignes de mots guident notre regard tout au long de la page. Dans une représentation visuelle, il ne faut pas que le regard du spectateur se perde. Nous devons trouver les moyens de le guider vers le centre d'intérêt de la photo pour qu'il se concentre dessus, tout comme nous l'avons fait en prenant notre photo. Ce concept résume tout l'art de la composition.

La grande majorité des photos ne donne rien pour la simple raison que le photographe ne s'est pas approché assez de son sujet. Le sujet aura du mal à se faire remarquer s'il est à peine visible sur le cli-

Point pratique

Quand vous allez dans un musée ou que vous feuilletez un livre d'art, interrogez-vous sur les techniques de composition retenues par les artistes. Comment ont-ils réussi à produire ces effets ?

ché. « Approchez-vous » est l'une des premières règles. Si ce n'est pas possible, optez pour un objectif plus long.

Pensez toujours à ce que vous tentez de dire avec une image. Si vous photographiez une ferme isolée au milieu d'une plaine, elle doit être assez grande pour que les gens puissent voir de quoi il s'agit. Mais il ne faut pas qu'elle remplisse l'image au point de faire oublier le milieu naturel et l'isolement. Essayez des objectifs et points de vue différents avant de trouver le bon équilibre.

Point pratique

Afin d'avoir une idée de l'efficacité des compositions décentrées, jetez un coup d'œil sur les couvertures de magazines de mode. En général, la tête du mannequin est placée dans le quart supérieur à droite du cliché, et souvent tournée légèrement vers l'intérieur, de sorte que vos yeux regardent d'abord le visage, puis vers la gauche avant de descendre. Le mannequin est rarement placé en plein milieu.

Éviter de centrer

Centrer constitue la deuxième grande erreur. Évitez de placer le centre d'intérêt au milieu du cliché. En général, ces photos ne marchent pas ; nos yeux les trouvent ennuyeuses parce qu'elles semblent trop statiques. Nos yeux vont directement vers le centre de la photo, sans faire un détour intéressant pour y parvenir. Inconsciemment, nous ne ressentons pas d'autre attrait et passons à la photo suivante.

Nous avons tous vu (et réalisé pour la plupart d'entre nous) des photos de personnes dont la tête est au beau milieu du cliché, dont les pieds sont coupés ou qui sont entourées d'un espace vide. Ces photos nous donnent rarement une idée de la personne ou de son milieu. Nos yeux préfèrent les sujets décentrés, car ils sont plus agréables et plus dynamiques, et ont envie de les contempler plus longtemps.

Quand vous photographiez un paysage, prenez votre temps pour regarder dans le viseur. Regardez ce que donne la ferme isolée dans la plaine si elle est au milieu. Puis placez-la à droite, à gauche, en haut, en bas. Quel cadrage vous interpelle le plus ? Une fois que vous l'avez trouvé, vous tenez votre photo. Les paragraphes suivants vous aideront à maîtriser les différentes techniques de composition, afin que vous concentriez votre image sur le centre d'intérêt.

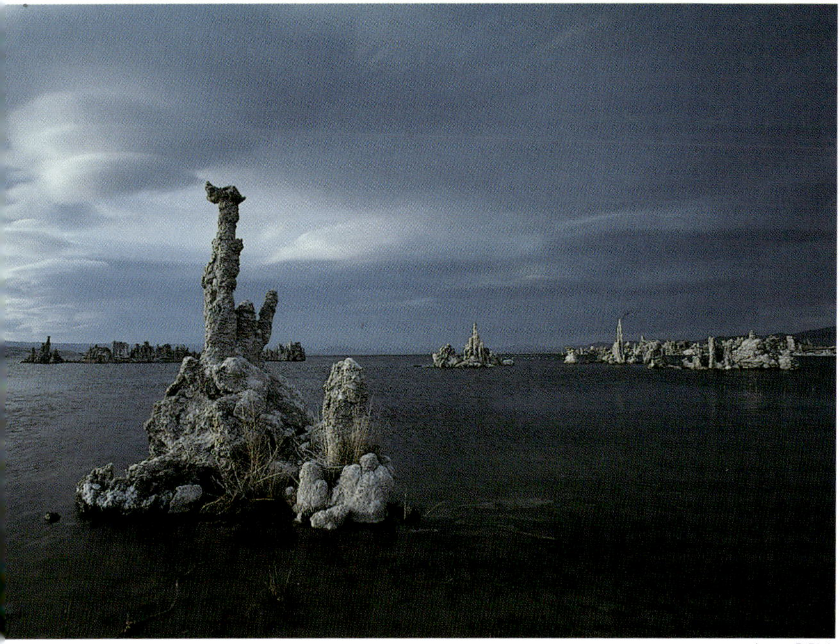

James P. Blair

La règle des tiers

Quand vous aurez terminé l'exercice de la ferme dans la plaine, vous aurez sans doute découvert que dans la composition la plus agréable, la ferme est située à l'intersection entre une horizontale et une verticale, chacune située à un tiers du cliché. Cette position correspond à la règle des tiers, une convention mise au point depuis bien longtemps par les peintres et qui, comme toute méthode excellente, a toujours été très appréciée. Imaginez que votre viseur est quadrillé par trois lignes verticales et trois horizontales, ce qui donne neuf rectangles équivalents. Pour appliquer cette règle, placez votre sujet à l'un des points d'intersection. Nos yeux considèrent ce type de composition aussi agréable que dynamique.

En général, il est facile de déterminer le point d'intersection qui sera le centre d'intérêt de votre

En plaçant un puissant élément vertical à un tiers du cliché et en utilisant une grande profondeur de champ, le photographe a rendu l'ambiance de la scène, tout en nous informant sur la structure et la taille de ces colonnes. Quand vous regardez un paysage, bougez avec votre appareil en regardant dans le viseur pour trouver la bonne composition.

image : tous les autres éléments du cliché renforcent l'image ou en détournent le regard. Dans l'exemple de la ferme, regardez le ciel et la plaine. Si l'immensité du ciel rend mieux votre sensation, placez la ferme dans le tiers inférieur du viseur. Si la plaine est plus évocatrice, mettez la ferme en haut. Vous placerez le centre d'intérêt à gauche ou à droite en fonction d'éléments secondaires et selon qu'ils enrichissent la photo ou lui nuisent.

La netteté est essentielle à cette photo de traces de pas sur une dune. Le grand-angle et la grande profondeur de champ nous permettent de voir le moindre détail et renforcent l'impression de lumière dure qu'évoque un désert. La présence du soleil souligne cette impression, tout comme les ombres allongées qu'il fait naître.

Premier plan et profondeur de champ

Les photos de paysages posent souvent un autre problème : celui de l'excès d'espace vide au premier plan. La plaine entourant la ferme de notre exemple renforce le message de la photo, mais beaucoup de paysages contiennent des espaces vides qui n'illustrent rien, ne racontent rien. Tout ce qui figure sur le cliché doit exprimer l'endroit. Si vous ne pouvez pas vous rapprocher de votre sujet pour éviter le vide, pensez à vous servir d'éléments du premier plan qui rempliront cet espace et donneront du relief à votre image à deux dimensions.

Cherchez quelque chose qui s'accorde avec l'idée que vous avez pour votre photo : des fleurs, une mare, un arbre, un rocher, une meule de foin. Cet élément peut être aussi simple que des éboulis sur un versant montagneux ou la pente sableuse d'une dune, du moment qu'il renseigne sur le paysage. Choisissez un angle qui tire parti de cet élément pour remplir l'espace et guider le regard vers le sujet principal – le centre d'intérêt. Pour trouver la bonne perspective, n'hésitez pas à vous accroupir ou à vous allonger.

Le grand-angle est l'objectif idéal pour photographier un paysage dont le premier plan est occupé par des objets. Avec un grand-angle, la grande profondeur de champ vous permet d'effectuer la mise au point aussi bien sur le premier plan que sur le sujet. L'importance de la profondeur de champ est

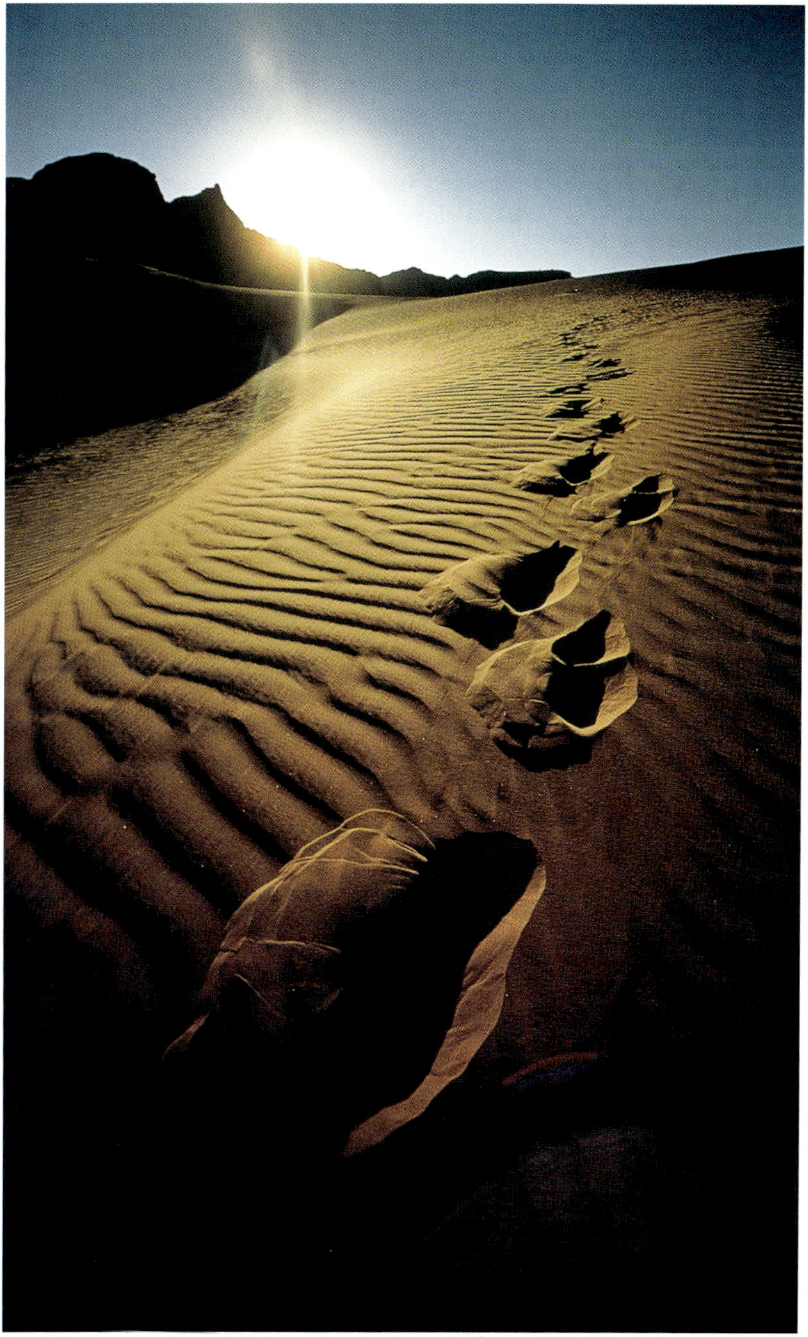

Bruce Dale

fonction de la taille de l'objet du premier plan et de votre éloignement. S'il s'agit d'une petite fleur, vous devrez vous placer tout près pour qu'elle soit lisible et occupe une partie du cliché. Pour avoir assez de profondeur de champ, vous aurez sans doute besoin d'un diaphragme très fermé (f/16 ou f/22) et donc d'une vitesse d'obturation lente. Prenez un trépied pour les photos à moins de 1/60 de seconde et veillez à ce qu'aucun souffle d'air ne fasse trembler la fleur. Certains reflex proposent le test de profondeur de champ. Si c'est le cas de votre appareil ou si votre objectif possède une échelle des profondeurs de champ, vérifiez pour vous assurer de la netteté du premier plan aussi bien que de l'arrière-plan.

Point pratique

Veillez à la disposition des éléments du premier plan. Ils ne doivent ni détourner votre propos, ni l'obscurcir.

N'oubliez pas que plus l'objectif est large, plus vous avez de profondeur de champ, mais aussi que plus la vue est large, plus les éléments du fond semblent petits. Vous ne voulez peut-être pas vous approcher d'une fleur avec un grand-angle au point que la montagne que vous photographiez ne soit plus qu'une tache minuscule. Gardez toujours à l'esprit ce qui constitue votre centre d'intérêt et servez-vous des autres éléments pour le renforcer.

Le ciel

Le ciel peut être un élément important dans les paysages, soit comme sujet principal, soit pour mettre en valeur une ambiance. Observez soigneusement le ciel : mérite-t-il beaucoup d'espace, ou doit-il être réduit ?

Dans l'exemple de la ferme, l'immensité du ciel peut renforcer l'idée d'isolement. Si c'est un ciel clair avec un ou deux petits nuages blancs, placez la ligne d'horizon sur le tiers inférieur du cliché. Si c'est un ciel ennuyeux et blanc, n'en montrez pas trop.

Ne laissez jamais passer un ciel impressionnant, qui contribue pour beaucoup à l'ambiance des paysages. Les nuages d'orage, les rayons de soleil per-

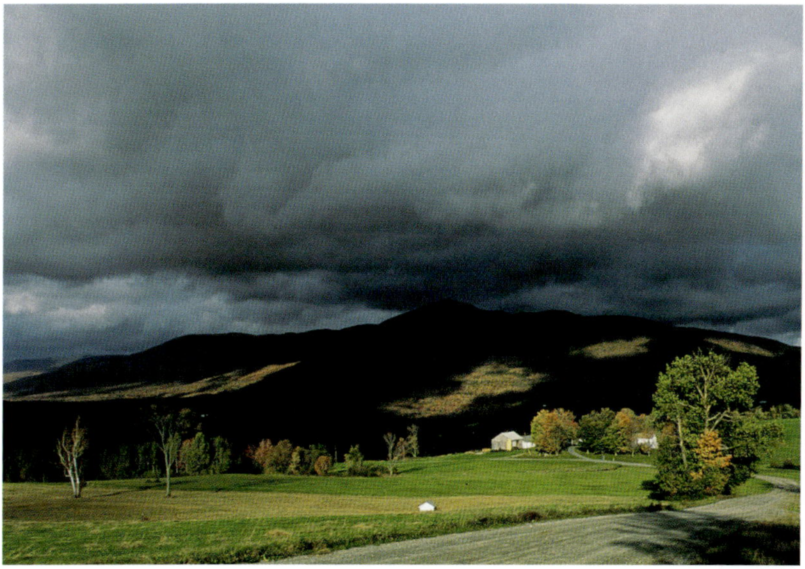

James P. Blair

çant un ciel sombre, les arcs-en-ciel sont tous des éléments photographiques que vous pouvez utiliser. Une fois encore, imprégnez-vous des œuvres des paysagistes – photographes et peintres – pour voir comment ils ont traité le ciel, puis souvenez-vous-en quand vous êtes sur le terrain.

Faites attention à vos mesures quand vous photographiez un vaste pan de ciel blanc. Les cellules intégrées ont souvent tendance à sous-exposer face à une trop grande surface lumineuse. Effectuez votre calcul d'après une carte gris neutre ou un objet d'une valeur équivalente, puis réglez la mise au point manuellement ; si vous êtes en mode auto, appuyez légèrement sur le déclencheur pour garder l'exposition tout en recadrant. Vous pouvez également utiliser un filtre polarisant pour foncer le bleu du ciel et augmenter le contraste avec les nuages blancs. Avec un filtre dégradé bleu ou un filtre dégradé densité naturelle (gris 50 % ou gris 25 %), vous pouvez donner de la couleur et de la profondeur au ciel le plus quelconque.

Dans vos photos, le ciel peut être un élément aussi important que les autres. Regardez-le bien et voyez comment vous voulez le traiter. Pensez à ce que donnerait cette photo si elle avait été prise sous un ciel dégagé et bleu. Tirez parti des ciels impressionnants.

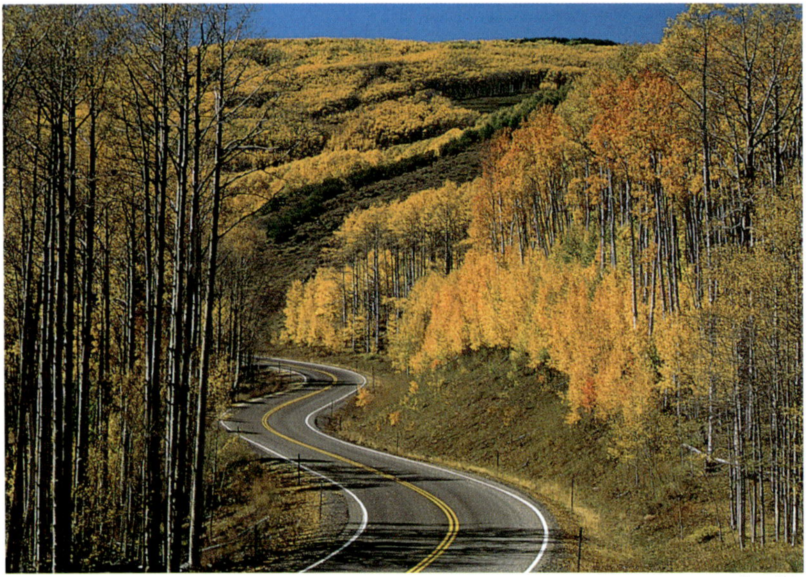

Bruce Dale

Les courbes en S de cette route (ci-dessus) dirigent le regard vers l'intérieur de la scène. Cherchez les lignes directrices, comme ces rangées de lavande qui envahissent l'image ci-dessous. Sur ces deux clichés, les photographes ont choisi une grande profondeur de champ et laissé les lignes faire le reste.

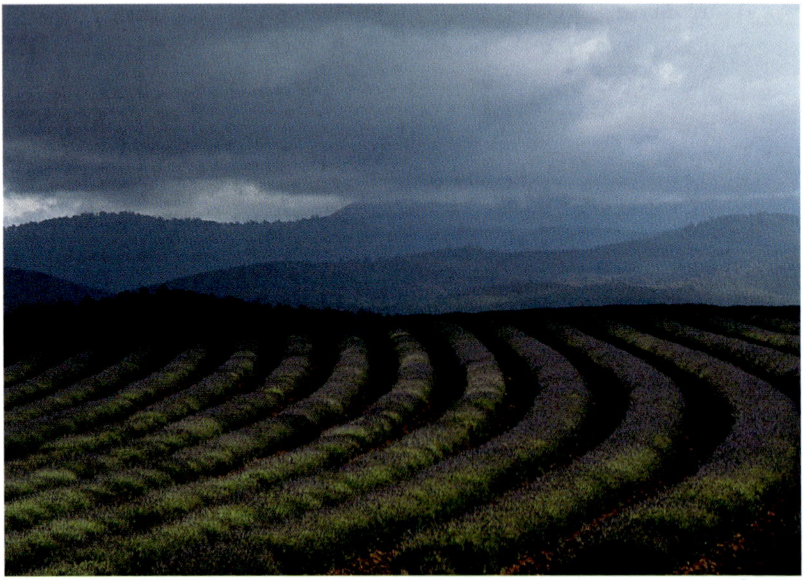

Sam Abell

Les lignes directrices

Comme les éléments du premier plan, les lignes directrices servent à donner du relief à nos images en deux dimensions. Utilisées convenablement, elles guident le regard du spectateur à l'intérieur du cliché et l'emmènent vers le centre d'intérêt. Du fait de la perspective, les lignes fuyantes – rivière ou route – semblent plus larges au premier plan qu'au lointain, et nos yeux les suivent à l'intérieur de l'image.

La nature regorge de lignes directrices, les plus évidentes étant les rivières, les crêtes des montagnes ou des dunes, et les arbres. Mais ne négligez pas les lignes directrices artificielles : routes, clôtures et murs, et cherchez-en de plus subtiles : les lignes de compression des roches, les dessins du vent dans le sable, les motifs dus à l'érosion, les arbres morts.

Dans l'exemple de la plaine, vous voyez peut-être un chemin qui serpente jusqu'à la ferme, une clôture qui coupe en deux un champ de blé, ou la limite entre un champ moissonné et un qui ne l'est pas. Déplacez-vous jusqu'à ce que vous ayez trouvé un angle qui vous permette d'utiliser l'une de ces lignes pour diriger le regard vers la ferme.

Pensez à la profondeur de champ quand vous organisez une composition avec des lignes directrices. Si la ligne commence en bas du cliché, veillez à ce qu'elle soit aussi nette que le sujet principal. Prenez un trépied si l'ouverture convenant à la profondeur de champ exige une longue pose.

Point pratique

Si des rayons de soleil percent les nuages, choisissez un autre élément pour mesurer la lumière, car ils induiraient votre cellule en erreur.

Le cadre

Une autre technique efficace consiste à utiliser un ou plusieurs éléments du premier plan pour créer un cadre autour de votre sujet, à l'intérieur même de votre image. Servez-vous d'un détail (branche couverte de feuilles d'automne, entrée d'une grotte ou arbre mort) pour cadrer votre sujet en partie ou en totalité.

PAGES SUIVANTES : Cette prise de vue se sert de l'entrée de la grotte comme cadre, ce qui lui donne de la profondeur, ainsi qu'une grande dynamique visuelle. Dans cet éclairage assez difficile, le photographe a réglé l'exposition sur le mur entièrement éclairé, en laissant dans l'ombre la partie supérieure du cadre et la vallée.

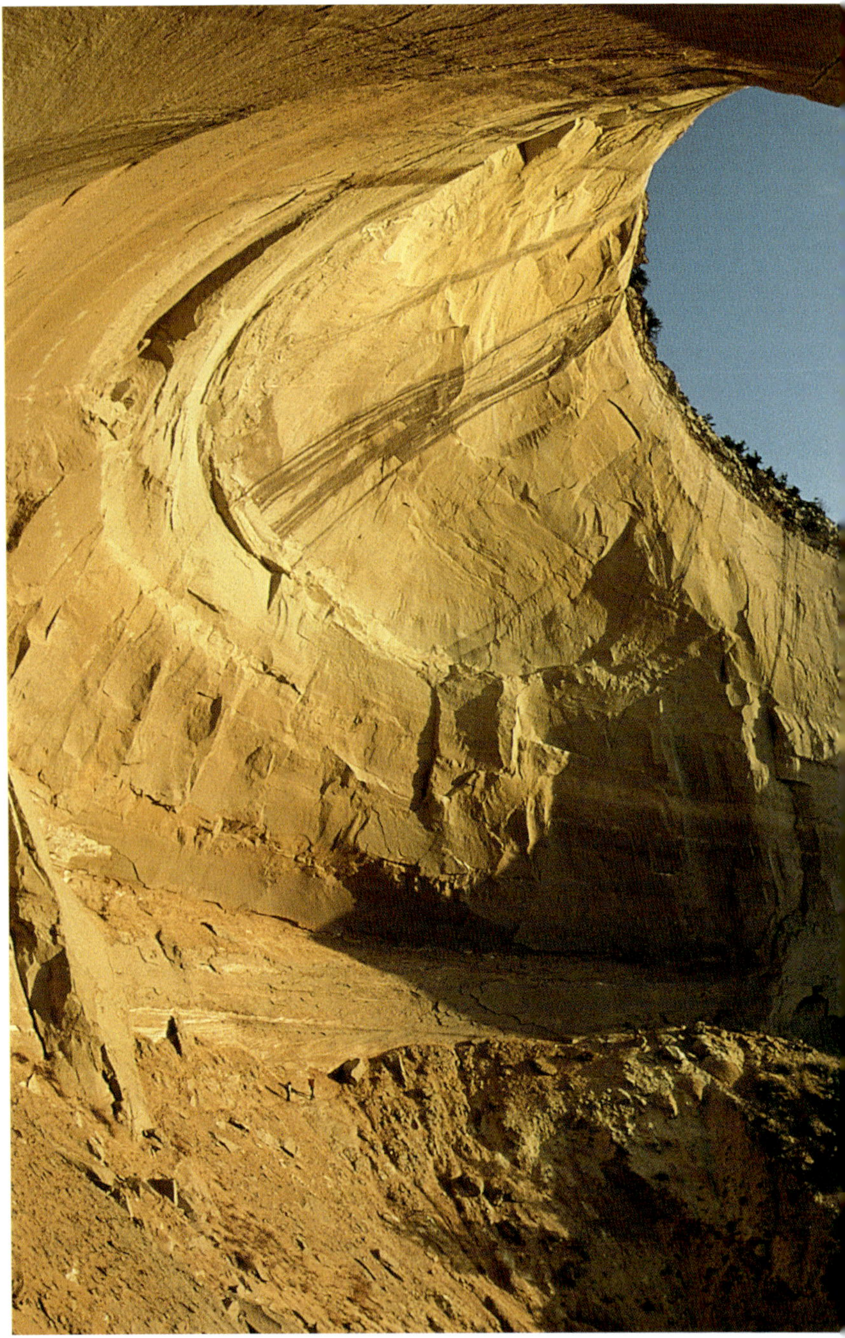

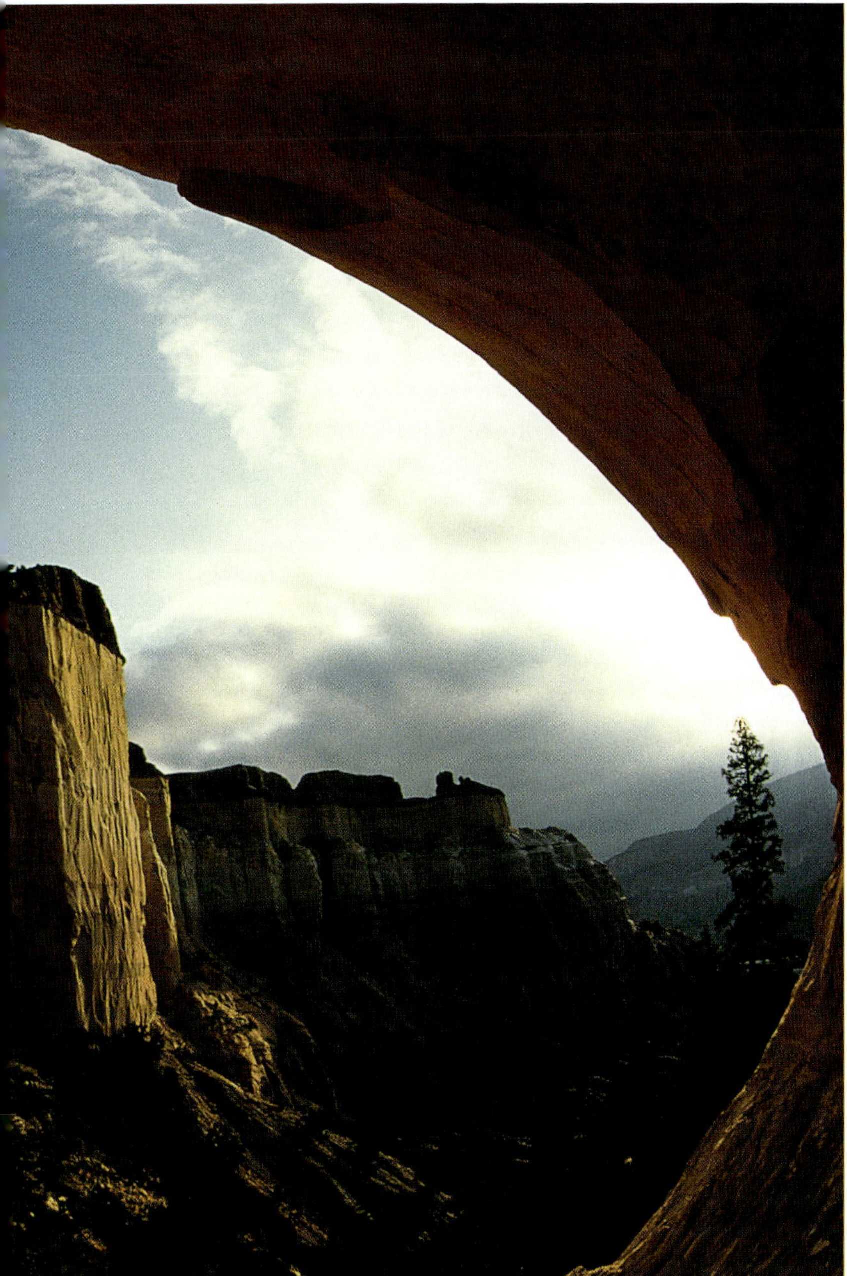

Paul Chesley

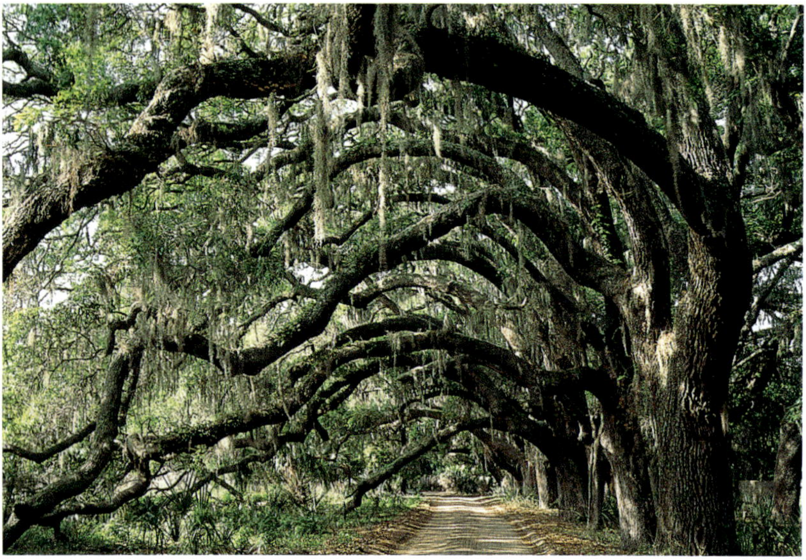

Maria Stenzel

Associant cadrage et motif, la photographe du paysage ci-dessus a tiré parti des formes répétitives des branches pour nous guider à l'intérieur de l'image et le long de la route qu'elles recouvrent. Ci-dessous à droite, la photo, isolant l'arbre mort et les pousses qui sortent de l'eau, devient presque purement graphique.

Attention, car l'objet qui vous sert de cadre peut se trouver dans une lumière différente de celle du sujet. Mesurez la lumière de votre sujet et pensez à l'aspect du cadre. Peut-être voulez-vous simplement en distinguer la silhouette ; sinon, utilisez un flash d'appoint pour voir un peu les détails. C'est une bonne idée d'effectuer plusieurs expositions dans un cas comme celui-ci, en réduisant la puissance du flash d'un tiers à chaque fois, en partant de la pleine puissance jusqu'à un diaphragme et un tiers en dessous. Et faites attention à la profondeur de champ. Certains cadres rendent mieux s'ils sont nets, mais, pour d'autres, le flou est plus efficace. Visualisez l'aspect que prendra la scène avec différentes ouvertures.

Le cadre doit convenir au sujet et améliorer l'image en ajoutant un autre élément de l'environnement, que ce soit dans l'harmonie ou par contraste. Ils aident aussi à guider le regard, puisqu'ils donnent l'impression au spectateur de regarder à travers une sorte de fenêtre. Vous choisissez un cadre pour votre photo un peu comme vous encadreriez un tableau. La prochaine fois que vous allez dans un musée, analysez les encadrements des différentes œuvres et imaginez ce qu'elles produiraient dans des cadres différents – entouré d'une baguette de métal, un Rembrandt offrirait une tout autre impression.

Les motifs

La nature est remplie de motifs qui se répètent, certains sublimes, d'autres plus discrets. Cherchez toujours des motifs quand vous faites vos repérages, car leur répétition rend l'image plus intéressante et plus dynamique, comme la règle des tiers et les lignes directrices. Il peut s'agir d'alignements de troncs d'arbre, des lignes sinueuses d'une dune, de stalactites ou du patchwork formé par les champs vus du ciel.

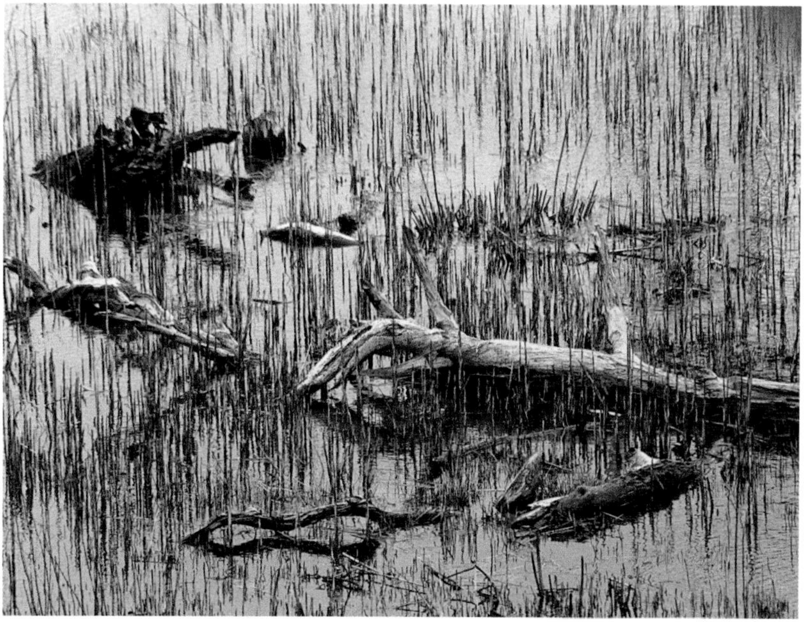

Stephen St.John

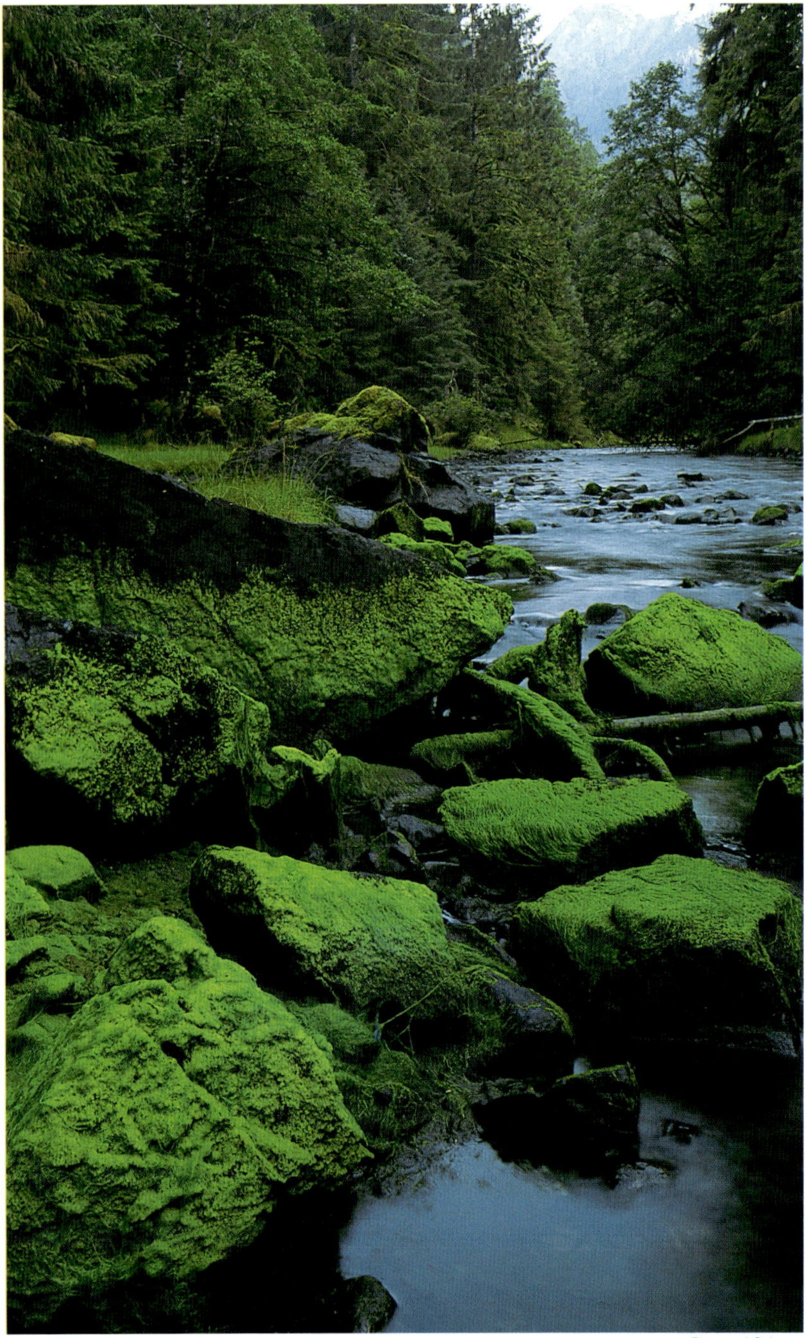

Raymond Gehman

Le motif peut devenir le sujet de la photo ou souligner le centre d'intérêt en dirigeant le regard vers lui ou en l'encadrant. Si vous prenez le motif pour sujet, choisissez un objectif qui renforce la répétition. Dans le cas des troncs d'arbre, prenez un objectif long pour les comprimer ; sur une photo aérienne de champs, optez pour un objectif assez large pour montrer le plus possible de carrés. Les stalactites peuvent fournir un beau sujet, surtout s'ils sont éclairés à contre-jour et qu'ils décomposent la lumière du soleil en laissant apparaître toutes les couleurs du spectre. Ils fournissent aussi d'excellents cadres pour les photos d'hiver.

L'échelle : les gens et les animaux

Quand nous regardons des photos de paysage, nous en reproduisons mentalement l'échelle. Nous avons vu tant de photos du Grand Canyon du Colorado ou du mont Blanc que nous pouvons facilement imaginer leur taille. Il est plus difficile d'estimer la taille d'un lieu inconnu, et nous avons donc besoin d'éléments facilement identifiables – humains ou animaux – qui donnent une idée de l'échelle du paysage : un homme contre un chêne nous en indique la taille, une vache dans un pré nous renseigne sur l'étendue de son pâturage.

Nous pouvons nous servir de ces figures de deux manières : comme éléments du premier plan ou près du sujet. Si vous les utilisez pour le premier plan, traitez-les comme n'importe quel autre élément : pensez à la composition et à la profondeur de champ. Un personnage debout sur le côté, contemplant une vallée, donne de la profondeur à l'image mais aussi une idée de son échelle. Si vous photographiez une falaise, attendez que des promeneurs apparaissent. Pour rendre l'importance de la falaise, reculez et optez pour un zoom. Laissez la falaise occuper tout l'espace du cliché, en coupant juste au-dessous du sommet et en intégrant les per-

Point pratique

Choisir un cadre est très utile, si vous ne pouvez pas vous rapprocher du sujet et que vous devez vous débrouiller avec un espace vide, au premier plan ou dans le ciel.

CI-CONTRE :
La répétition des formes des rochers couverts de mousse crée un motif que nos yeux suivent à l'intérieur de ce cliché. Notez le rocher le plus près, en bas à gauche, et les autres, vers la droite, qui nous conduisent au torrent.

PAGES SUIVANTES :
La lumière du soir et les formes répétitives des sommets rendent la profondeur, tandis que les bateaux traduisent l'échelle.

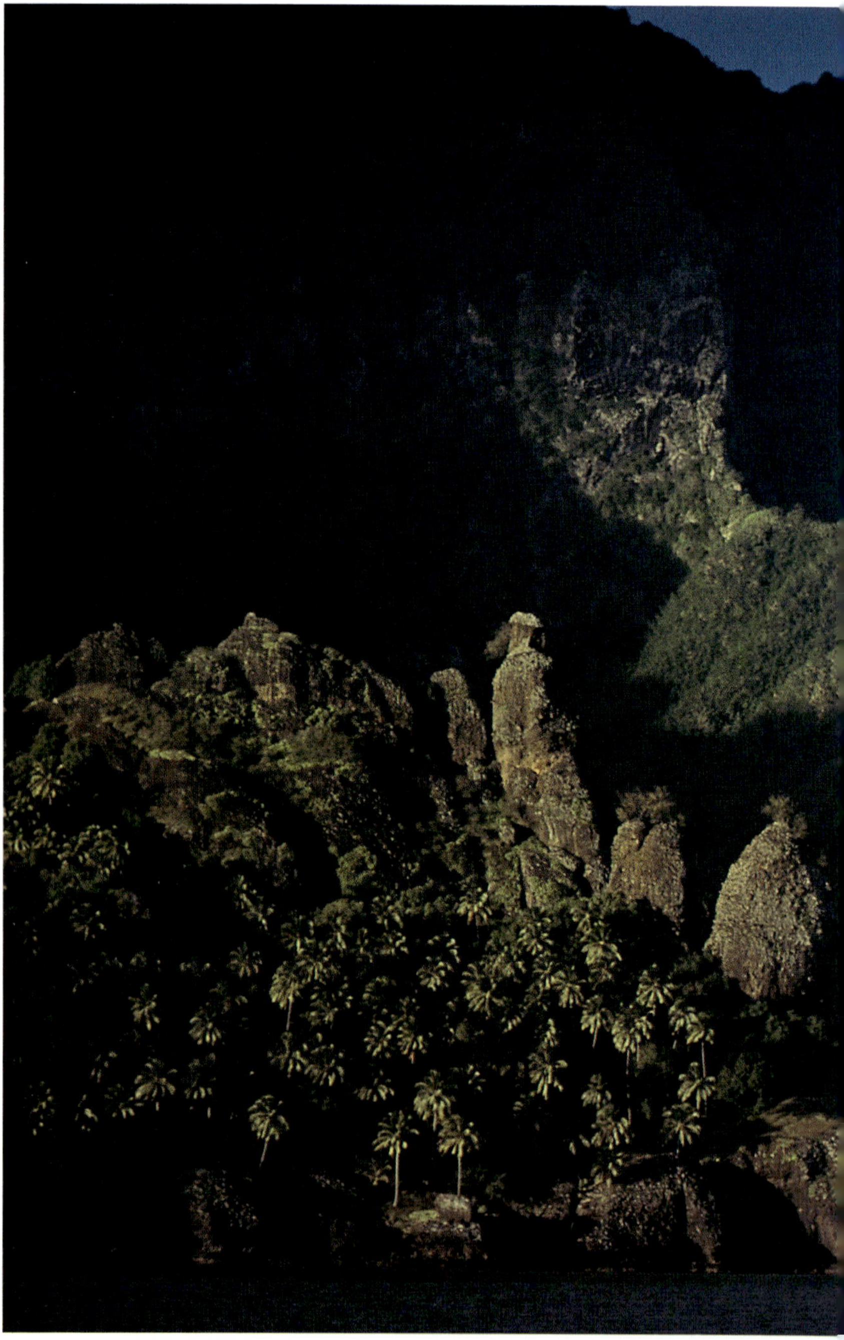

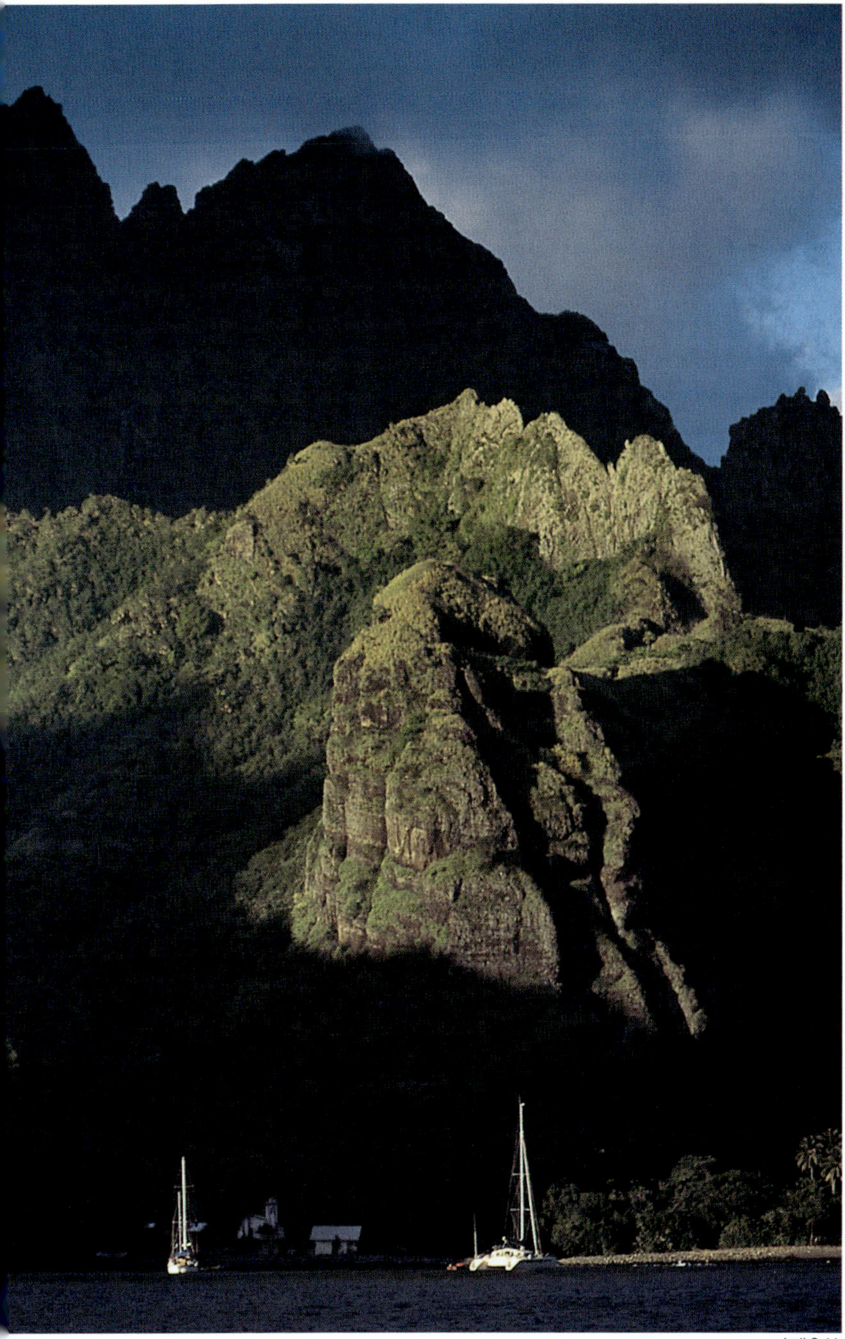

Jodi Cobb

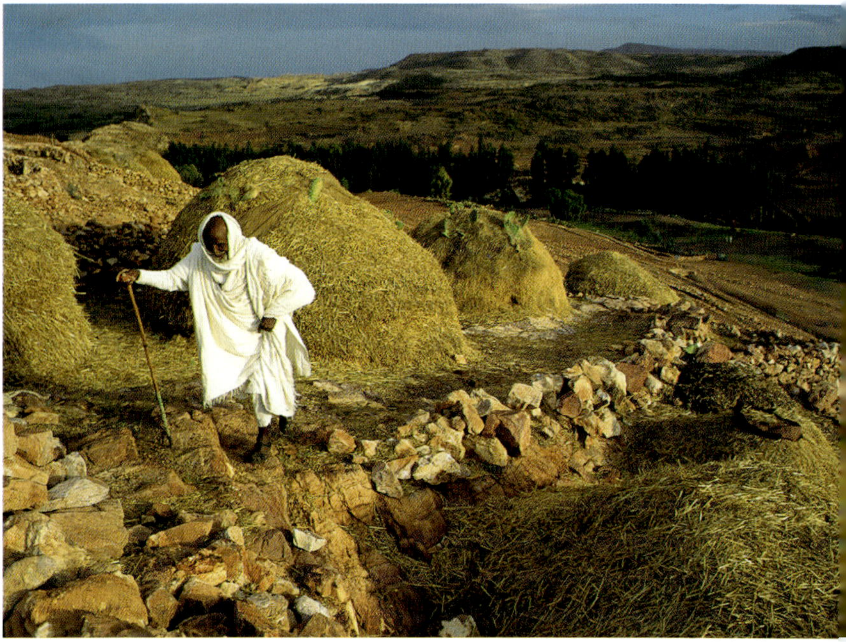

Robert Caputo

Le vieil homme donne l'échelle de la scène. Sans lui, nous n'aurions pas la moindre notion de la taille des meules. Celles-ci, ainsi que les pierres, forment des lignes directrices qui nous entraînent dans la vallée.

sonnages à son pied, pour qu'elle semble se dresser au-dessus d'eux.

Tout élément facilement identifiable peut donner une idée de l'échelle, mais assurez-vous qu'il convient au thème de votre photo. Un vieux moulin a sa place dans une plaine.

L'élément dans un ensemble

Un espace vide dans un cadre ne signifie pas nécessairement un espace perdu. La notion d'élément dans un ensemble décrit ce vide qui renforce le thème de l'image.

Cela convient particulièrement bien quand vous voulez rendre une impression d'isolement ou de solitude, une plante dans le désert ou un rocher émergeant dans la mer. Considérez l'espace vide comme un objet, et visualisez sa place dans la composition. Votre message sera plus percutant si vous trouvez un équilibre entre son échelle et celle du sujet.

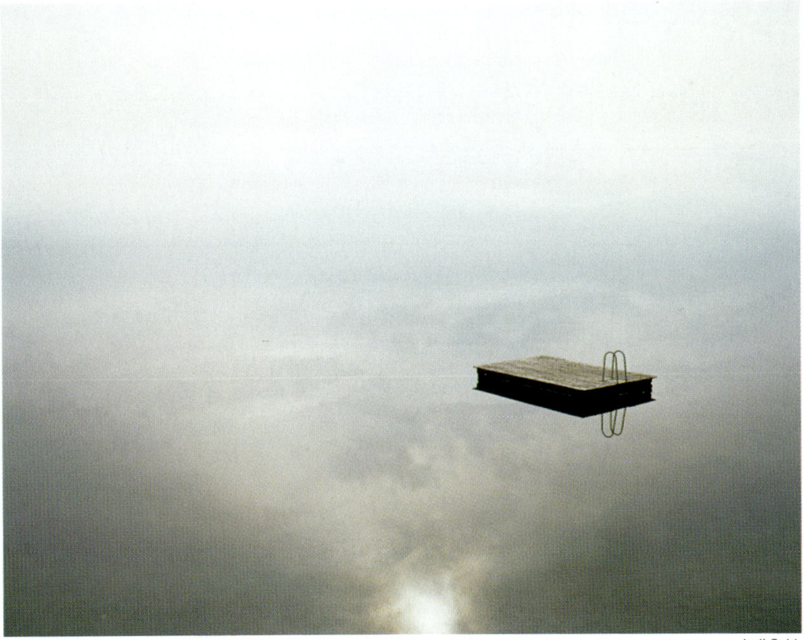

Jodi Cobb

L'espace vide n'est pas toujours perdu. Ici le lac procure une impression de calme. L'élément dans l'ensemble, la plate-forme, est placé suivant la règle des tiers.

Éliminer les éléments indésirables

Pensez que tout ce que vous voyez dans le viseur constituera la photo et devrait avoir une raison d'y figurer. Regardez attentivement tous les éléments qui composent la scène. Si vous repérez un détail inopportun, n'hésitez pas à changez d'angle ou de point de vue. Débarrassez-vous des éléments qui « n'aident pas » l'image.

Dans les photos de paysage, les éléments indésirables les plus courants sont les lignes et les poteaux électriques ou du téléphone, et également les bâtiments dans le lointain. N'oubliez pas les détails moins évidents comme une branche ou un déchet. Vous serez toujours récompensé d'avoir bien analysé votre image dans le viseur avant de prendre votre cliché. Si vous ne remarquez pas ces petits détails avant de prendre la photo, ils vous sauteront aux yeux trop tard, une fois le film développé. Et vous ne serez pas le seul.

Point pratique

N'hésitez pas à vous servir d'amis pour indiquer l'échelle dans vos photos. Mais souvenez-vous que votre thème principal est le paysage.

JAMES BLAIR

Des paysages pour servir une bonne cause

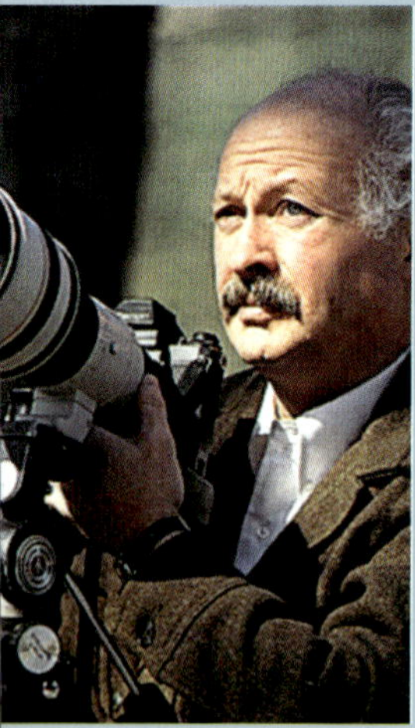

DANS SON ENFANCE, James Blair admirait les œuvres de Lewis Hine, Jacob Riis et d'autres photographes de sujets sociaux. En 1951, sautant sur l'occasion, il participa à un projet destiné à illustrer l'évolution de Pittsburgh, sa ville natale. Plus tard, il photographia des réfugiés fuyant le Viêt Nam et la Hongrie. Après avoir intégré l'équipe de la NATIONAL GEOGAPHIC SOCIETY en 1962, James continua à travailler sur des sujets qu'il jugeait importants, dont un reportage en Afrique du Sud qui lui valut un prix. Quand il prit sa retraite en 1994, James avait publié quarante-sept reportages dans NATIONAL GEOGRAPHIC, participé à de nombreux ouvrages de la NGS et remporté de nombreuses récompenses.

James n'a pas photographié que des gens pour sensibiliser le public. S'il a réalisé des images fabuleuses pour le Magazine, nous lui devons aussi *Our Threatened Inheritance* (Notre Héritage menacé), un volume du NATIONAL GEOGRAPHIC sur les terres fédérales.

« Dans le paysage, dit James, il ne s'agit pas seulement de faire de jolies photos. Le photographe peut également servir une cause. Son travail consiste à trouver et communiquer l'émotion qui sensibilisera le spectateur. Les images de *Our Threa-*

Le goût de James Blair (à gauche) pour les paysages et son engagement pour la sauvegarde de la nature l'ont conduit un peu partout en Amérique et ailleurs.

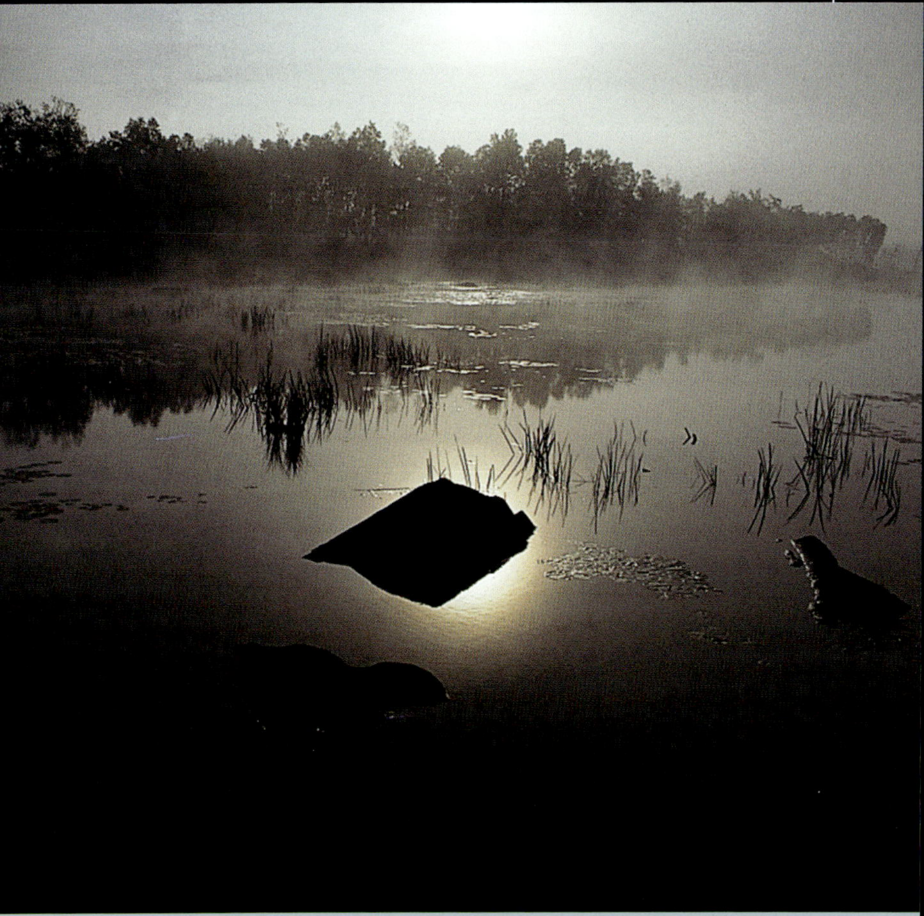

Blair a attendu patiemment la lumière parfaite – le reflet du soleil étant masqué – pour photographier cette scène. Il veut éveiller chez ceux qui regardent ses photos l'amour de la nature pour qu'ils aient envie de la préserver. C'est pourquoi il travaille dur pour réaliser ces images évocatrices.

tened Inheritance, par exemple, ont fait beaucoup pour la sauvegarde des terres fédérales – les parcs nationaux, les refuges et autres terres gérées collectivement.»

Comme les autres photographes du NATIONAL GEOGRAPHIC, James consacre beaucoup de temps à ses recherches avant de partir. Pour lui, ce n'est que le début : « Les recherches vous mettent sur la bonne voie, mais il faut vraiment travailler pour réussir une photo. Si vous allez à Yellowstone ou dans un autre endroit très photographié, vous devez trouver quelque chose de nouveau. Il y a une solution, allez-y au « mauvais » moment, en hiver par exemple. Vous ferez des photos d'endroits connus qui seront différentes de ce que tout le monde a déjà vu.

« Même si vous contemplez un lieu au milieu de la foule, cherchez le moyen de le décrire différemment, pour éviter le cliché. Tous les gens qui ont visité le mont texan El Capitan, en ont fait la même photo – le meilleur point de vue, c'est sur le parking en fin de journée. Bien sûr, vous allez prendre cette photo – ce n'est pas la meilleure pour rien – et c'est ce que j'ai fait. Mais ensuite j'ai sorti un objectif de 20 mm, j'ai commencé à travailler avec et j'ai pris une photo tout à fait bien et différente. Les expériences sont l'un des secrets de la réussite en photographie. Déplacez-vous pour essayer plusieurs points de vue. Comme dans toute entreprise, vous devez prendre des risques – intellectuels et physiques –, si vous voulez être récompensé. Cela exige du temps et de la pellicule, mais c'est certainement le meilleur moyen d'apprendre. »

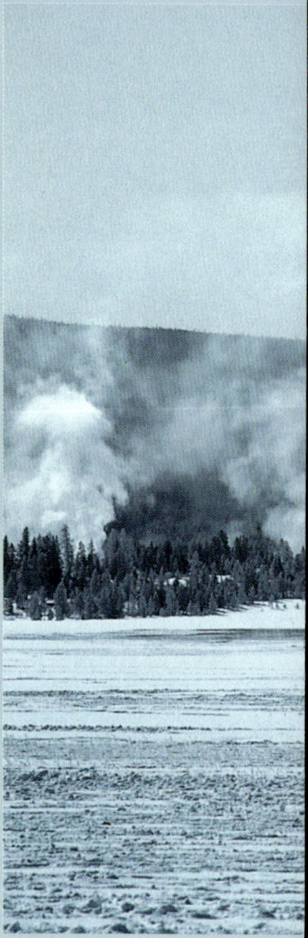

James apprécie aussi la collaboration des éditeurs, surtout quand il s'attaque à un sujet aussi vaste que l'ensemble des terres fédérales aux États-Unis. Un responsable artistique non seulement guide le photographe pour son reportage et ses recherches, mais il connaît les goûts des lecteurs : « John Agnone, responsable iconographique de *Our Threatened Inheritance*, m'a aidé, confie-t-il, à surmonter les premières difficultés de cette entreprise considérable. Après avoir regardé les premières photos que je lui avais apportées, il m'a dit : "Si tu continues à faire des photos comme ça, nous avons un livre".

« La photo de paysage demande beaucoup de travail. Vous devez vous lever tôt et vous coucher tard – que la lumière soit bonne ou non – parce que vous ne savez jamais ce qui vous attend. Si c'est une passion, vous ne perdez pas votre temps. La chance bien sûr est importante, mais vous savez ce qu'on dit : on la crée soi-même. Vous devez rester dans la nature assez longtemps pour mettre toutes les

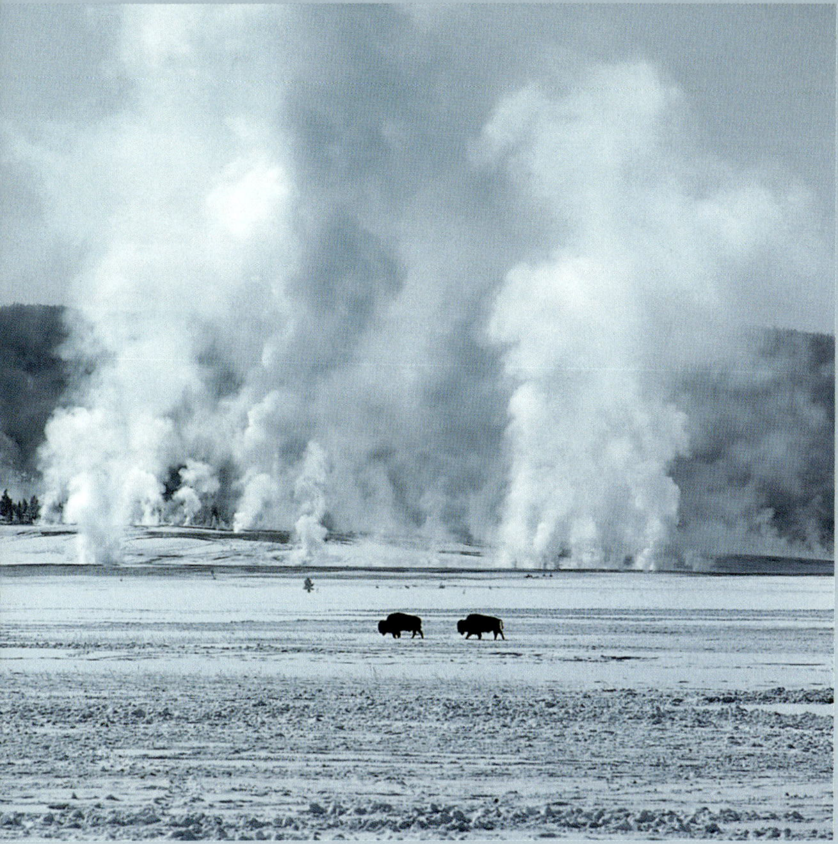

Innover dans les endroits très photographiés est l'une des difficultés que rencontrent les photographes. Blair a résolu le problème pour la photo ci-dessus, en se rendant à Yellowstone en hiver, une saison peu fréquentée, d'où ce paysage sublime.

chances de votre côté, pour explorer, pour expérimenter. Mais l'une des grandes joies de la photo de paysage, c'est que vous avez une excuse pour passer beaucoup de temps dans la nature. C'est merveilleux d'être assis en haut d'une montagne sans autre chose à faire que penser à la vue et attendre la lumière. »

Comme les autres pros, James possède une quantité de matériel, mais il préfère se concentrer sur l'aspect esthétique : « Dans une bonne photo de paysage, l'esprit du lieu est transmis au spectateur par la surface bidimensionnelle de la page imprimée. Cela n'a pas grand-chose à voir avec la

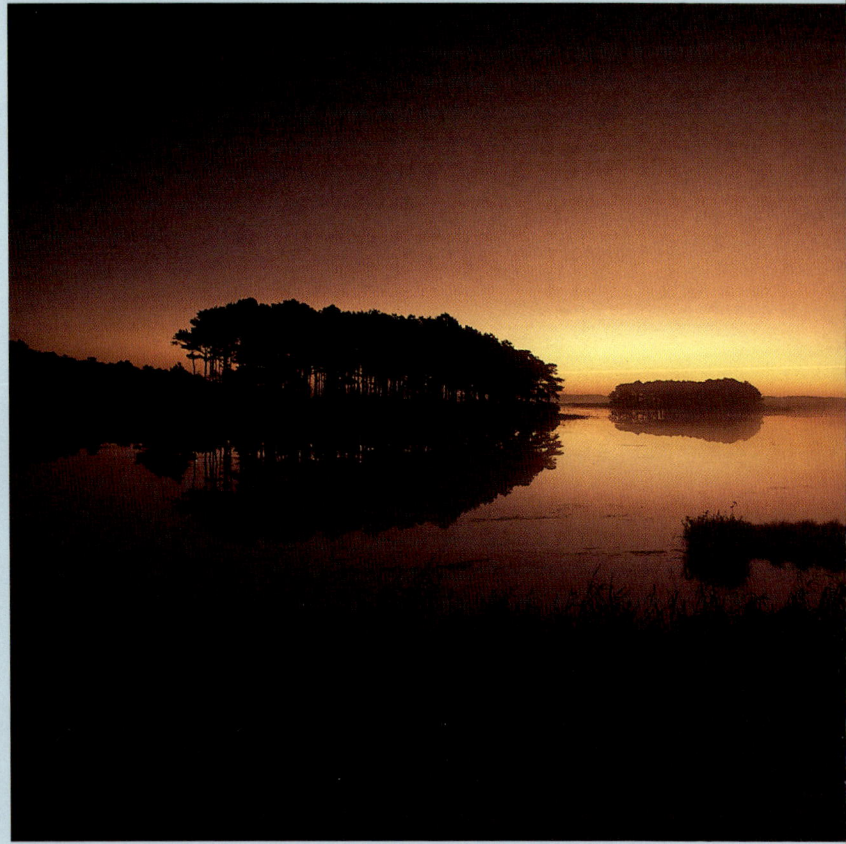

La lueur du soleil passé au-dessous de l'horizon illumine l'eau et le ciel sur cette image sereine. Grâce au bracketing, Blair a saisi le parfait équilibre entre lumière et pénombre.

technique, mais, bien sûr, vous devez savoir ce que vos outils peuvent faire. Le plus important, c'est de concentrer toute votre énergie pour trouver le moment où le paysage sera parfait. Comme vous ne savez jamais à quel moment cela se passera – dans trente secondes ou deux jours –, vous devez toujours rester sur vos gardes. La récompense est considérable : vous êtes là, vous attendez la lumière, vous sentez l'endroit et vous anticipez, puis vient ce moment de pur bonheur, quand tous les éléments sont réunis. Tout le temps que vous avez investi en valait la peine : vous étiez là, vous étiez prêt, vous avez réussi. »

James accorde la plus grande attention à l'exposition et se sert de filtres dégradés de densité neutre ou d'autres accessoires indispensables pour que le film puisse saisir la gamme tonale et l'ambiance des endroits qu'il photographie : « Le bracketing est très important, mais pas seulement si vous voulez être sûr de réussir votre exposition. C'est en fait une question d'esthétique. Le seul contrôle chromatique que vous puissiez exercer sur la photo, c'est avec l'exposition, et le bracketing est le meilleur moyen d'avoir une photo qui ressemble à ce que vous avez vu. »

James continue à se lever tôt, à regarder attentivement et à faire des photos pour ses travaux personnels et divers clients. Il croit toujours que les photos peuvent servir une cause, ce que reflètent ses images.

Les conseils de Blair

- Montrez vos photos. Écoutez ce qu'on vous en dit. Les commentaires des autres vous apprendront si vos photos sont bonnes ou non, et vous donneront des idées pour les améliorer.
- Fixez votre appareil sur un trépied solide et utilisez un déclencheur à distance pour pouvoir vous concentrer sur la scène et vous servir de l'appareil sans y toucher.
- La photo de paysage peut vous conduire dans des endroits d'où il est difficile de revenir. Prévenez quelqu'un avant de partir.
- Prenez un filtre dégradé de densité neutre qui sert à équilibrer les zones brillantes (en général le ciel) et les zones plus sombres (comme la terre).
- Tout est affaire de lumière. Regardez attentivement, attendez. Quand vous êtes vraiment frappé par la lumière, c'est le moment.

Les formats

LA PLUPART DES PHOTOGRAPHES PROFESSIONNELS utilisent du 135 mm, mais les spécialistes, dont les photographes de paysages, préfèrent parfois un format supérieur, parce que la qualité de l'image est meilleure sur les grands clichés. Le format que vous choisirez pour vos photos de paysage dépend en grande partie de ce que vous voulez faire de vos photos, de votre désir ou non de porter une tonne de matériel et de l'argent que vous souhaitez investir. Chaque type a ses avantages et ses inconvénients. Vous devez les évaluer en fonction de vos besoins pour décider ce qui convient le mieux à votre travail. Et n'oubliez jamais que ce n'est pas l'appareil qui prend les photos, mais vous.

Les appareils compacts ne conviennent pas vraiment à la photographie sérieuse de paysages. Les appareils numériques disposent d'un réglage panoramique qui est pratique pour ce type de photo, mais comme l'image est très petite, environ 40 % de moins que dans un film en 35 mm, vous ne pouvez pas avoir des tirages de qualité au-delà de 20 x 25 cm. Un bon appareil numérique n'est pas beaucoup plus petit qu'un 135 mm, et, en général, les photographes professionnels estiment que cela ne vaut pas la peine de renoncer à la meilleure qualité obtenue avec un film plus grand.

Si vous partez camper en famille et que vous ne voulez pas vous encombrer, l'appareil numérique constitue une solution valable, parce qu'il est plus polyvalent que les compacts ordinaires en 135 mm.

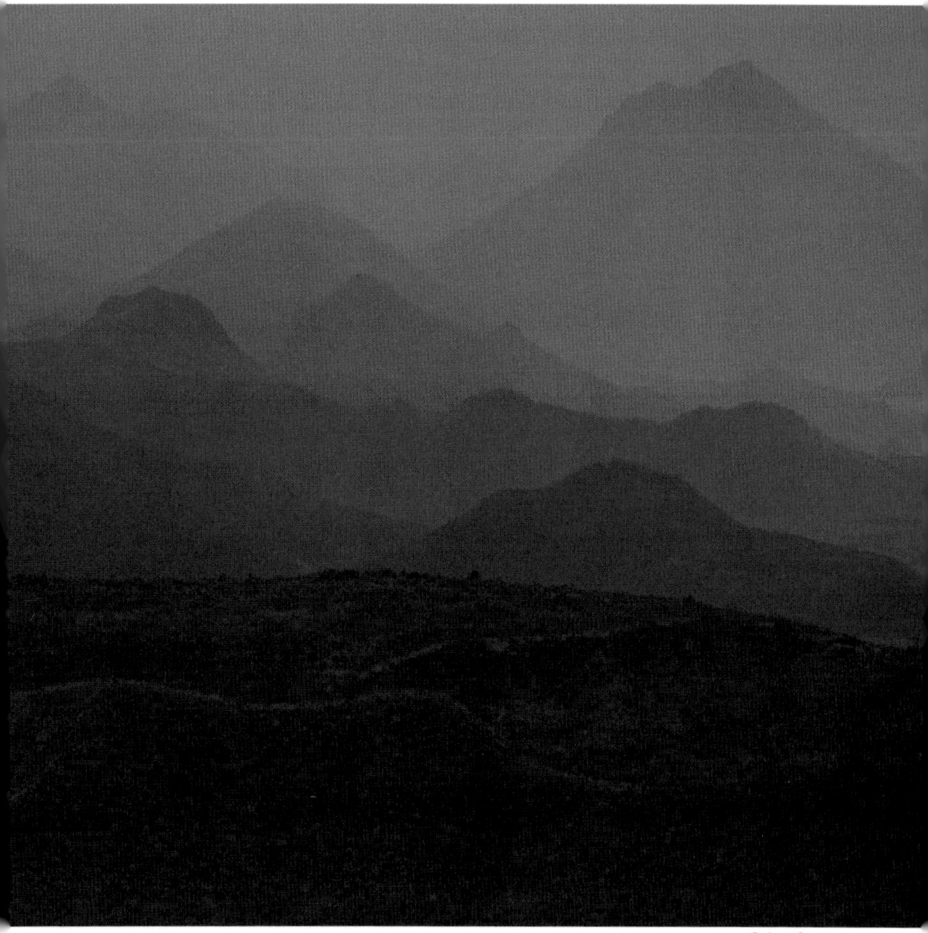

Robert Caputo

Mais si vous envisagez de travailler plus sérieusement, optez pour un format supérieur.

Les appareils à mise au point télémétrique en 135 mm

Certains appareils à mise au point télémétrique en 135 mm proposent une optique de très grande qualité, une taille réduite et une manipulation peu bruyante, avantages qui ont séduit de nombreux

Prenez un objectif qui convienne à votre propos. En photographiant au crépuscule et en comprimant les collines avec un téléobjectif, j'ai pu rendre l'ambiance de la Grande Vallée du Rift au Kenya.

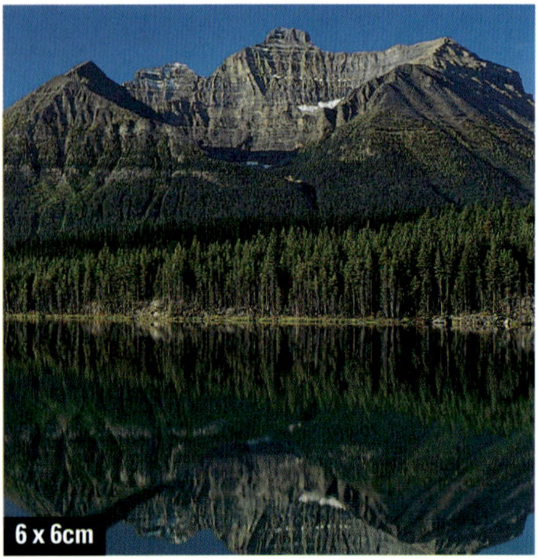

6 x 6cm

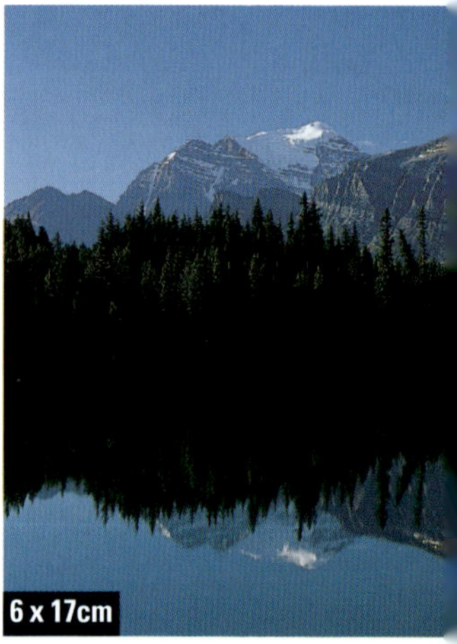

6 x 17cm

Ces quatre photos, du panoramique 6 x 17 cm au 35 mm, montrent les tailles relatives de formats courants de film. Plus le film est grand, plus le grain est fin, et donc les détails précis, ce qui importe si vous réalisez de grands tirages. Mais n'oubliez pas qu'un format important implique un matériel encombrant.

reporters qui ont besoin de discrétion pour photographier des personnes. Ces appareils conviennent moins bien au paysage : le photographe ne voit pas à travers le même objectif que le film, ce qui ne facilite pas le cadrage des très gros plans. Vous ne pouvez pas vérifier la profondeur de champ ou voir l'effet des filtres polarisants. Du super grand-angle au petit téléobjectif, le choix des optiques est limité.

Les reflex mono-objectif en 135 mm

Le reflex est de loin le meilleur choix pour les amateurs sérieux et les photographes professionnels. Les appareils et les accessoires sont assez petits pour être transportés sans difficulté. Les objectifs, les flashes électroniques, etc., sont disponibles à tous les prix. Le format 35 mm (en fait 24 x 36 mm) est assez grand pour que vous puissiez obtenir des tirages grand format, dans une gamme très vaste de films.

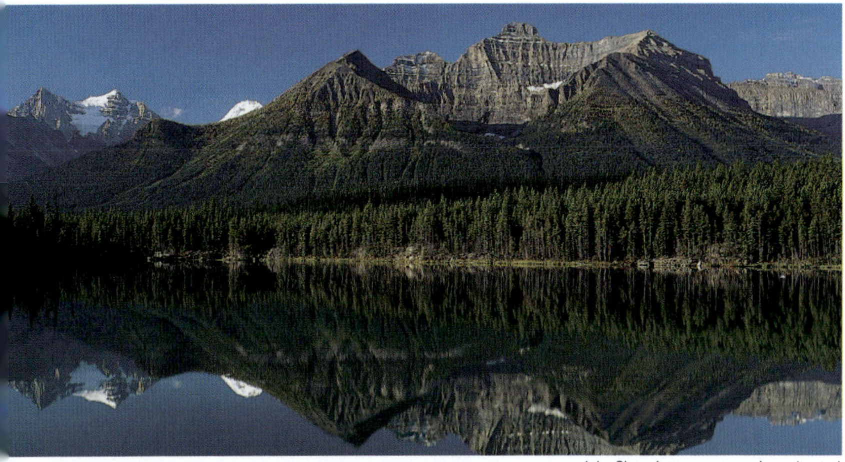

John Shaw, images panoramiques (toutes)

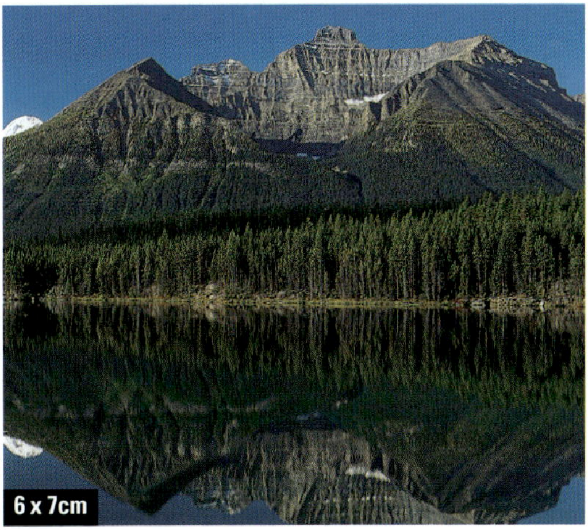

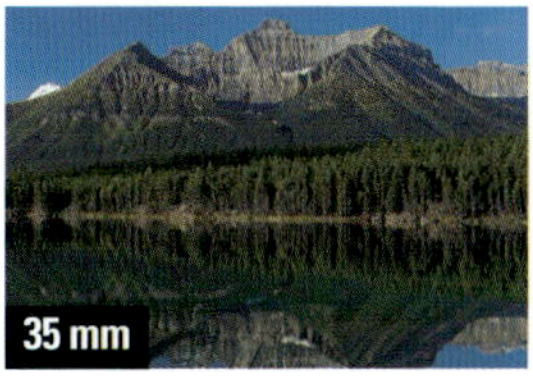

Il existe des reflex numériques qui fonctionnent avec une carte numérique au lieu d'un film.

Avec un reflex mono-objectif, le photographe et le film voient le sujet à travers le même objectif : ce que vous voyez dans le viseur correspond à votre future photo. Cela vous sera particulièrement utile dans les compositions précises, afin d'éviter les éléments indésirables qui peuvent se glisser dans les angles de l'image, et pour les gros plans. Vous pou-

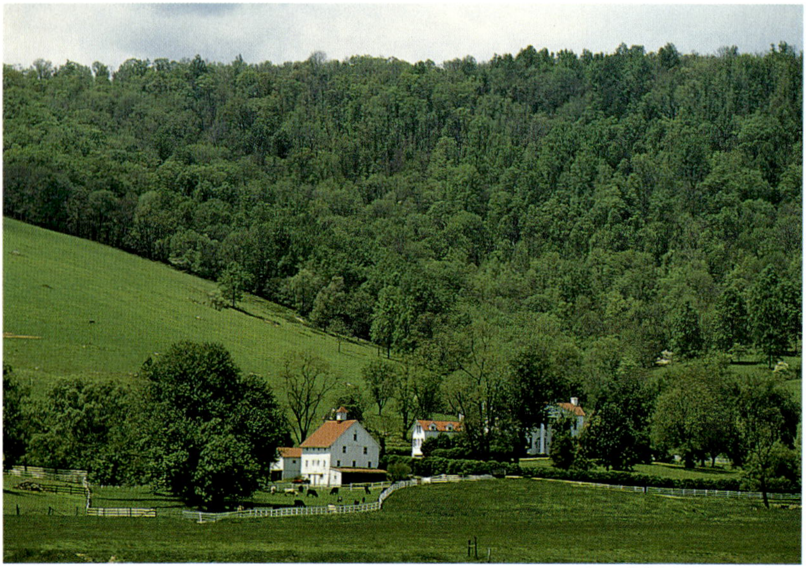

James P. Blair (ci-dessus et à droite)

vez également vérifier la profondeur de champ et les effets des filtres polarisants. Faites attention, car la plupart des viseurs de reflex ne montrent pas 100 % de l'image. Les bords sont souvent un peu coupés ; parfois on ne voit que 95 % de l'image. En général, ce n'est pas un problème, parce que les cadres des diapos couvrent une partie de la photo et que les machines automatiques, lors du tirage, coupent encore plus les négatifs.

Il existe une large gamme de reflex, des appareils manuels de base à ceux qui sont entièrement automatiques. Les automatiques, avec multizone et autofocus d'une grande précision, peuvent prendre des photos nettes et bien exposées dans plusieurs modes auto ; au fur et à mesure que vous devenez plus expérimenté, vous pouvez ne plus tenir compte des automatismes et contrôler vous-même la prise de vue ; vous pouvez aussi passer en mode manuel pour avoir la maîtrise totale du processus.

Si les reflex en 135 mm ont tant de succès auprès du public, c'est parce qu'ils sont tout à fait polyvalents et d'un prix abordable. Si vous ne voulez acqué-

Point pratique

De nombreux appareils proposent un mécanisme intégré de réglage dioptrique. Si ce n'est pas le cas du vôtre, vous pouvez acheter un correcteur dioptrique qui se fixe sur l'œilleton de l'appareil.

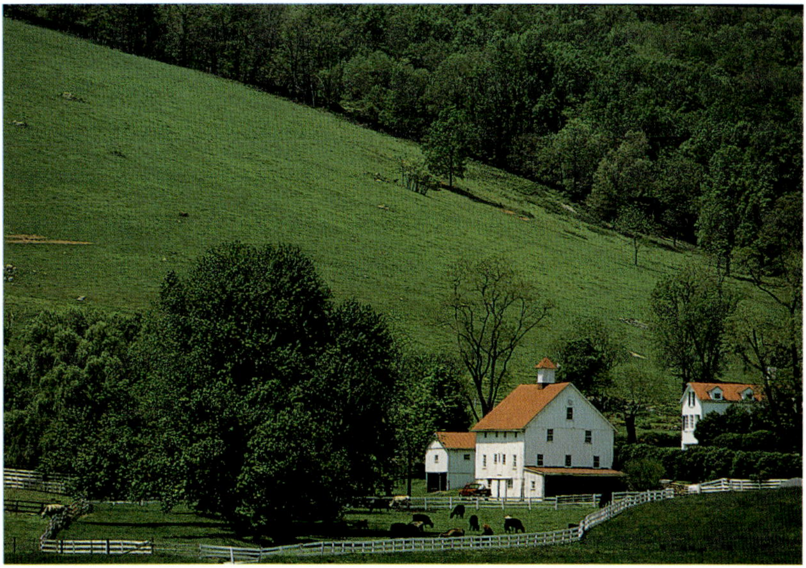

Un objectif normal révèle une ferme et son cadre (ci-contre), mais l'image semble faible. Avec un téléobjectif, la ferme semble plus grande, mais surtout, ce qui est plus important, le photographe a pu prendre pour ligne directrice la barrière blanche qui conduit le regard à l'intérieur du cliché.

rir qu'un seul système en vue de photographier des paysages, c'est un excellent choix.

Les moyens formats

Les photographes de paysages, d'architecture et de studio sont assez nombreux à utiliser des appareils qui produisent des images plus grandes que les films en 35 mm, à cause du format supérieur du film (négatif ou inversible) et donc de la meilleure qualité. Comme ces photographes ont en général des sujets immobiles (ou coopératifs dans le cas des modèles), ils n'ont pas à se soucier des mouvements et des réactions rapides, ni à être discret. Les formats les plus courants sont 6 x 4,5 cm, 6 x 6 cm et 6 x 7 cm. Il s'agit de valeurs nominales, puisque, en réalité, le cliché est un peu plus petit. Il existe aussi des formats plus grands.

Les moyens formats se subdivisent entre appareils à mise au point télémétrique et reflex, avec les inconvénients et les qualités dont nous avons parlé plus haut pour les 135 mm. L'automatisme peut être très complet ou réduit, y compris l'autofocus. L'avantage réel des moyens formats, c'est la taille des films négatifs ou inversibles. Comme ils sont plus grands, ils enregistrent plus de détails et il faut moins les agrandir au tirage, d'où leur grain plus fin. Si vous avez l'intention de réaliser de très grands tirages, la différence sera sensible.

Point pratique

Une bonne sacoche est indispensable sur le terrain. Elle doit pouvoir contenir tout votre attirail et être confortable à porter.

Cependant, ce qui constitue l'intérêt du moyen format est en même temps son principal inconvénient : la taille. Un grand film a besoin d'un boîtier et d'objectifs plus grands et plus lourds. Ce n'est pas toujours gênant, mais si vous marchez beaucoup ou pratiquez l'escalade, vous devez y penser. Les appareils et les objectifs sont en général plus chers qu'en 135 mm, et les téléobjectifs longs peuvent être hors de prix – si vous en trouvez.

Néanmoins, beaucoup de photographes paysagistes complètent leur système 135 mm par des moyens formats.

Les grands formats

Ces immenses appareils qui nous amusent dans les vieux films – le photographe disparaissant sous un voile noir pour regarder une image inversée haut-bas et gauche-droite – existent toujours et produisent toujours les meilleures photos de paysages. Les plans-films (10 x 12,5 cm étant le format le plus fréquent actuellement) enregistrent des détails extrêmement fins et donnent des agrandissements magnifiques. Grâce à la grande souplesse du corps avant et arrière de l'appareil, vous pouvez régler la mise au point et la profondeur de champ. Vous pouvez le faire basculer vers le haut ou le bas, de droite à gauche pour rectifier la distorsion de la perspective et obtenir un premier plan aussi net que le fond.

Je n'entrerai pas davantage dans les détails, car les grands formats sont des appareils plutôt spécialisés. En général, ils sont complètement manuels, lourds et encombrants, très chers et difficiles à manipuler. Il faut de la patience, de bonnes connaissances et beaucoup de pratique pour les maîtriser. Mais les photographes qui exigent une très haute définition et qui réalisent de très grands tirages ne jurent que par eux.

Les appareils panoramiques

Ce sont des appareils spécialisés, qui permettent de prendre des photos beaucoup plus larges – d'environ 140 à 360° d'une scène – qu'avec des appareils de format classique. Ils peuvent être utiles pour certains paysages et donnent souvent des images très impressionnantes, qui sortent de l'ordinaire. Les appareils panoramiques fonctionnent soit avec des super grands-angles, soit avec un mécanisme qui fait pivoter l'objectif (ou tout le boîtier), et enregistrent l'image sur une bande de négatif allongée – de 24 x 224 mm dans le cas des appareils à 360°. On les trouve en 135 mm et en moyen et grand format. Certains des modèles les plus appréciés produisent des clichés de 24 x 66 mm en 135 mm et de 6 x 12 cm ou 6 x 17 cm en moyen format.

Si vous vous servez d'un appareil panoramique, pensez aux éléments de la composition dont nous avons parlé plus haut et n'oubliez pas que le champ est beaucoup plus large. Les appareils panoramiques utilisant des viseurs optiques, ce que vous voyez ne correspond pas tout à fait au cliché. De plus, vous ne pouvez pas vérifier la profondeur de champ, ce qui n'est pas, en général, un problème avec les objectifs larges, puisque tout est net sauf avec l'ouverture maximale. Pensez aux éléments du premier plan qui guident le regard dans l'image et la lui font parcourir. Et si vous optez pour un appareil à 360°, cachez-vous ! Sinon vous seriez sur l'image.

Les grands-angles

Les photos de paysages sont très souvent prises avec des grands-angles pour la simple raison qu'ils permettent d'en voir plus. Leur profondeur de champ étant grande, il est possible de rendre avec netteté tous les niveaux d'une scène. Quand vous utilisez un objectif de moins de 50 mm, vous devez toutefois penser à plusieurs choses – et plus la longueur focale est courte, plus ces effets seront prononcés. (Nous considérons les 50 mm comme le « standard » en format 135 mm, parce qu'ils permettent de photographier des sujets d'une taille correspondant à peu près à ce que nous voyons.) La règle, quand vous choisissez un objectif pour une scène donnée, consiste comme toujours à regarder attentivement et à réfléchir. Le viseur vous montre-t-il vraiment l'image que vous désirez ? Si ce n'est pas le cas, changez d'objectif ou trouvez un meilleur emplacement.

L'absence de centre d'intérêt

L'absence de centre d'intérêt précis est, rappelons-le, le principal défaut des photos de paysage. Avec un grand-angle, comme vous photographiez une vaste zone dont chaque élément est en général bien net, vous pouvez obtenir des photos sans relief et ennuyeuses, si vous ne veillez pas à leur donner une composition dynamique. Souvent, vous voyez bien tout, mais rien n'est mis en valeur.

Les éléments du premier plan, les lignes directrices et autres techniques de composition déjà abordées permettent de remédier à cette tendance des grands-angles à en montrer un peu trop. Pensez à ce qui est le plus important dans le cliché, puis servez-vous des techniques de composition et des qualités

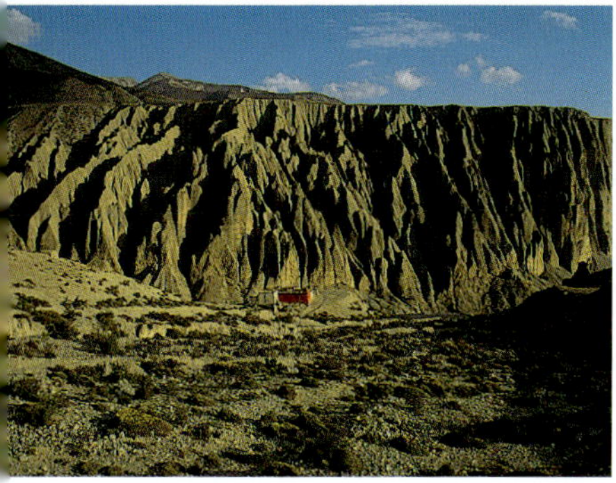

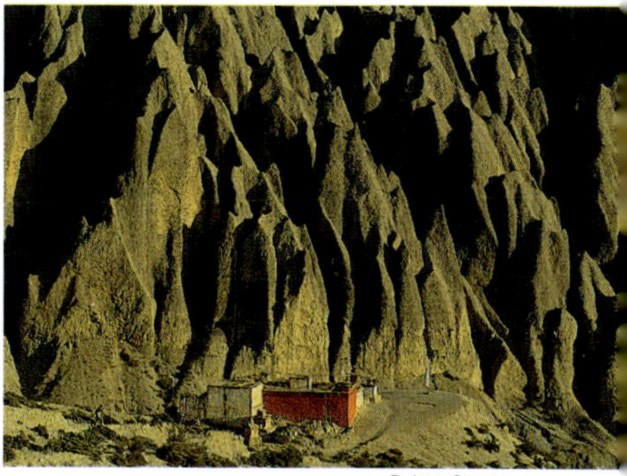

Robert Caputo

Nous voyons à peine ce temple isolé de la région de Mustang, au Népal, sur la photo de gauche, d'où l'absence de véritable centre d'intérêt. Pour que le temple semble plus grand, j'ai délaissé le grand-angle pour le téléobjectif. L'objectif long rapproche la montagne du temple en comprimant la scène, ce qui donne l'impression qu'elle écrase le petit bâtiment.

du grand-angle pour aider le spectateur à le voir. Vous devez montrer une portion suffisante du paysage pour qu'il puisse s'en faire une idée, mais pas au point de ne plus distinguer le centre d'intérêt.

Perspective et distorsion

C'est la distance jusqu'au sujet qui détermine la perspective, et non la longueur focale de l'objectif. Or, les grands-angles tendent à exagérer la perspective, parce que nous les utilisons plus près du sujet que les autres objectifs et qu'ils nous permettent de photographier avec netteté ce qui est près comme ce qui est loin. Le grand-angle exagère les rapports, puisqu'il augmente la distance apparente entre objets proches et éloignés. Les grands-angles semblent agrandir les sujets proches et rapetisser ceux qui sont loin, et plus l'objectif est court, plus cet effet est amplifié. De plus, ils étirent les sujets qui sont situés près des bords du cliché. Vous pouvez tirer parti de ces qualités pour réaliser des images très dynamiques : par exemple, une énorme roche couverte de mousse dans une vallée, sur fond de montagne. Mais évitez de vous servir

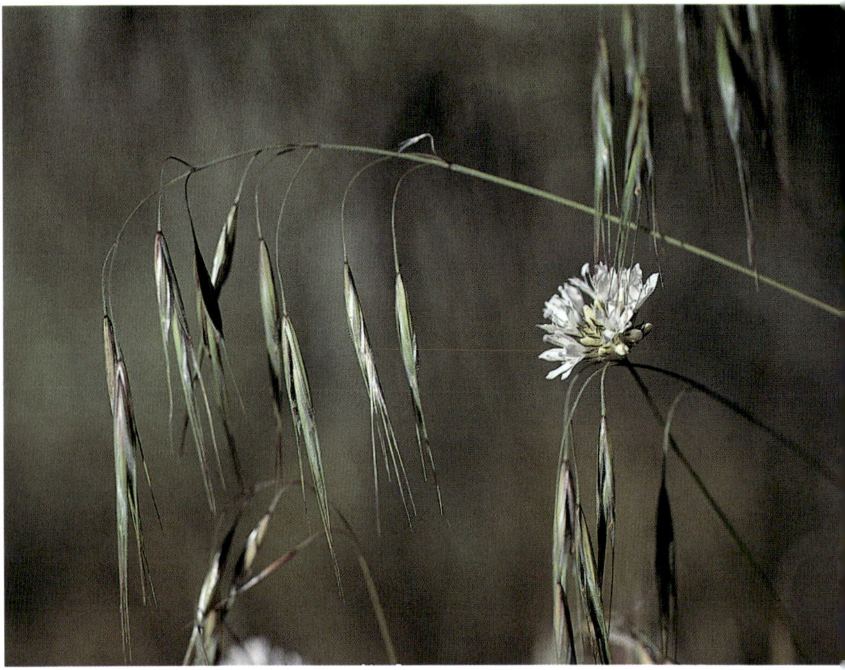

James P. Blair

Avec un grand-angle et une plus petite ouverture, cette photo aurait été moins lisible, les herbes du fond apparaissant alors plus nettement. Réfléchissez à l'aspect final de votre photo et servez-vous du test de profondeur de champ – si votre appareil possède ce dispositif – pour être sûr d'obtenir ce que vous voulez.

d'un objectif trop court. La montagne, repoussée trop loin, deviendrait insignifiante.

Si vous faites basculer votre grand-angle vers le haut ou le bas – même à peine –, il déforme les lignes verticales du cliché, qui semblent converger. Cet effet, connu sous le nom de « distorsion en clé de voûte », se remarque plus particulièrement sur les bâtiments. Ce n'est pas vraiment un problème dans la nature, puisque les lignes droites ne sont pas légion.

La tendance à la distorsion du grand-angle ne devient un inconvénient que si ce n'est pas l'effet recherché. Tout comme vous apprenez à manier un outil, vous devez étudier le fonctionnement des différents objectifs pour ensuite en tirer les photos que vous voulez.

La profondeur de champ – Les grands-angles

Les grands-angles offrent une grande profondeur de champ, et, une fois encore, plus la focale est courte, plus le champ augmente. Vous ne devriez pas avoir de problèmes pour que tous les éléments de votre photo soient nets, sauf si vous intégrez un élément très proche de l'objectif. Si c'est le cas, testez la profondeur de champ afin de vous assurer que la réalité est bien conforme à ce que vous désirez montrer. Si votre appareil ne permet pas de tester la profondeur de champ, choisissez une ouverture plus petite et une vitesse d'obturation plus lente ; plus l'ouverture est petite, plus la profondeur de champ augmente. Si vous avez besoin d'une vitesse d'obturation inférieure à 1/60 de seconde, préférez un trépied ou autre pour stabiliser votre appareil. Méfiez-vous du vent : à une faible vitesse d'obturation, le vent fera bouger la fleur ou l'arbre de votre premier plan. L'avantage de prendre des photos tôt le matin, mis à part l'excellente lumière, c'est que le vent est rare.

À l'inverse, si vous voulez vraiment mettre en valeur un élément, il ne faut pas que tous les autres détails soient parfaitement nets. Si trop d'éléments sont nets, augmentez l'ouverture et la vitesse d'obturation.

Point pratique

Par très grande chaleur, conservez vos films dans un récipient isotherme avec de la glace. À défaut de glace, enveloppez le récipient d'un linge mouillé. L'évaporation le gardera au frais.

Les téléobjectifs

Les téléobjectifs produisent l'effet contraire, puisque par rapport aux grands-angles – ou aux objectifs normaux –, ils ont un angle de vue plus étroit et ne retiennent qu'une petite partie de la scène. Les objets semblent plus proches et plus grands. Ils compriment les distances apparentes d'un point à un autre. Plus la focale est longue, plus cet effet est prononcé. Les téléobjectifs vont du 85 mm au 600 mm, voire plus, le champ de vision se rétrécissant au fur et à mesure qu'augmente la longueur focale. Souvent, les téléobjectifs mettent en valeur les techniques de composition abordées plus haut : ils aident votre sujet à remplir le premier plan, ils accentuent les lignes directrices et les motifs ou vous permettent d'éliminer plus facilement les éléments indésirables. Ils sont aussi pratiques si vous ne pouvez pas vous approcher davantage de votre sujet.

L'observation

Où que vous soyez et même si vous n'avez l'intention de vous servir que de votre grand-angle, sortez votre téléobjectif et observez les environs. Vous dénicherez souvent des choses que vous n'aviez pas pu voir à l'œil nu ou avec votre grand-angle. Si vous avez un zoom, regardez la scène en utilisant différentes focales pour voir leur influence. Cherchez les détails et notez comment l'objectif comprime les éléments sur le cliché. Tirez parti des propriétés des téléobjectifs pour isoler les éléments intéressants ou créer des effets graphiques grâce aux lignes ou au contraste.

Point pratique

Pour voir comment fonctionne la compression, photographiez une rangée d'arbres avec un grand-angle et un téléobjectif, puis comparez les résultats.

Perspective et compression

Les téléobjectifs amplifient les effets de la perspective en rétrécissant le champ de vision et en rapprochant les objets distants. Ils compriment ou « entassent » à l'intérieur du cliché ceux qui semblent plus grands et plus rapprochés qu'en réalité. Nous avons tous vu des images de massifs montagneux ou encore d'alignements d'arbres prises au téléobjectif, dans lesquelles tous les éléments semblent s'entasser. C'est une technique utile, aux résultats souvent fantastiques. Mais il existe un autre type de compression qui devrait retenir votre attention.

Reprenons l'exemple utilisé au chapitre précédent – la ferme dans la prairie –, et imaginons une montagne dans le fond. Si vous photographiez ce paysage avec un grand-angle, la montagne sera toute petite et paraîtra éloignée de la ferme. Cela produira l'impression d'isolement que vous cherchez. Mais si vous reculez et utilisez un objectif long, les deux éléments seront comprimés et la montagne semblera dominer la ferme. Cette photo produira un effet tout à fait différent.

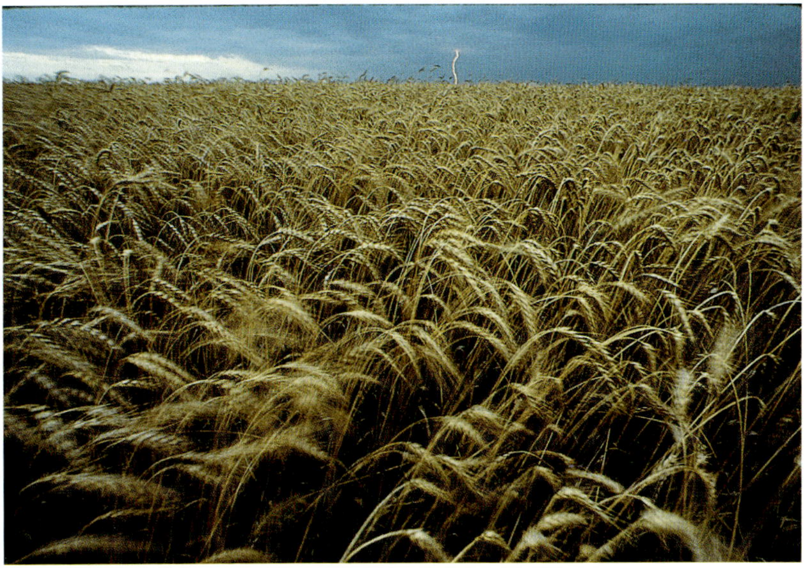

La profondeur de champ et le mouvement renforcent l'intérêt des images. Ci-dessus, une vitesse d'obturation assez lente donne du flou aux épis de blé, mais permet de saisir l'éclair au lointain. En réduisant un peu plus la vitesse d'obturation, la photographe a éliminé les détails et rendu la texture du champ.

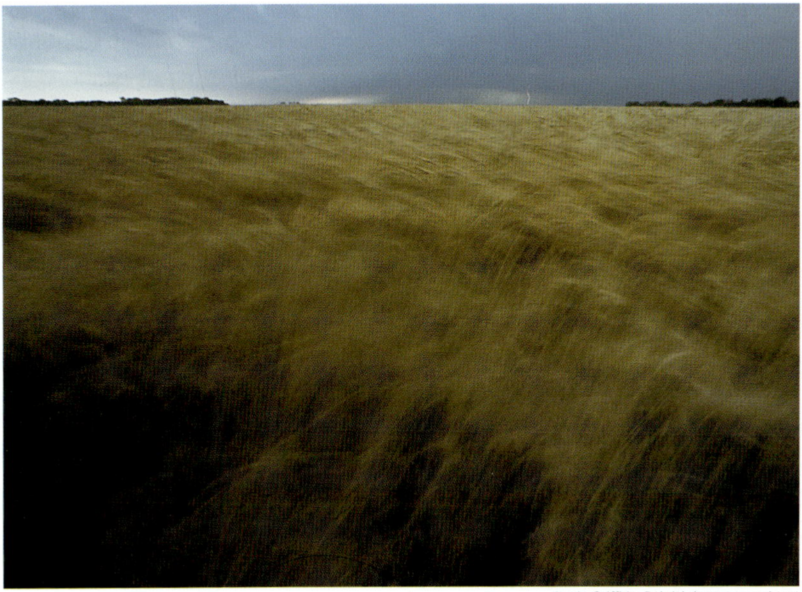

Annie Griffiths Belt (ci-dessus et en haut)

Profondeur de champ et téléobjectif

Les téléobjectifs ont une très faible profondeur de champ, qui est d'autant plus réduite que l'objectif est long. Lors de la mise au point, soyez très prudent et assurez-vous que le centre d'intérêt est bien net. Décidez à l'avance ce qui doit être net et ce qui ne doit pas l'être, puis vérifiez la profondeur de champ pour être sûr que l'image est conforme à vos désirs. Avez-vous envie ou non d'un cliché entièrement net ? Photographiez une rangée de troncs d'arbres, c'est un excellent exercice. S'ils sont tous à peu près semblables, vous aurez envie de les rendre avec netteté pour que l'image montre les lignes verticales et les motifs de l'écorce. Pour que tous les troncs soient nets, choisissez une ouverture réduite, une vitesse d'obturation lente, et pensez au trépied. Mais si l'un des arbres arbore une toute nouvelle feuille (ou tout autre détail intéressant), vous aurez peut-être envie de faire la mise au point sur cet arbre en laissant les autres dans le flou. Dans un cas semblable, cadrez avec soin – souvenez-vous de la règle des tiers – et utilisez une grande ouverture avec une vitesse d'obturation rapide.

La profondeur de champ est un autre outil en photographie. Pensez à la vérifier et servez-vous-en dans un esprit créatif.

Isoler les détails

La nature offre toutes sortes de détails merveilleux, qu'ils soient immenses ou microscopiques : ouvrez les yeux tout simplement ! Très souvent, un détail intéressant est aussi révélateur, voire plus, qu'un paysage dans sa totalité : les stalactites suspendues à une branche, par exemple, peuvent beaucoup mieux signifier l'hiver qu'une photo de l'arbre entier. Les téléobjectifs conviennent particulièrement bien pour isoler des détails, surtout si vous ne pouvez pas vous en approcher. Procédez en regardant tous les éléments de la scène à travers un téléobjectif, puis essayez de réduire la scène à un seul détail.

Quand vous photographiez des détails avec un objectif long, veillez à l'exposition, à la mise au point et au mouvement. Pensez à la qualité des tons du cliché. Si votre sujet est plus clair ou plus foncé que les gris neutres, vous devrez compenser l'exposition. Les téléobjectifs ayant une très faible profondeur de champ en gros plans, choisissez la bonne combinaison d'ouverture et de vitesse d'obturation pour parvenir à vos fins. Les objectifs longs amplifiant le plus infime mouvement, vérifiez que ni le sujet ni l'appareil ne bougent. Vous aurez sans doute besoin d'un trépied, si vous photographiez à une faible vitesse d'obturation – et avec un téléobjectif, une faible vitesse d'obturation correspond à tout ce qui est inférieur à 1/250 ou 1/500 à cause de leur poids et de leur longueur, qui les rendent difficiles à stabiliser. Si vous n'avez pas de déclencheur souple, servez-vous du déclencheur à retardement pour prendre votre photo sans faire bouger l'appareil.

En pleine nature, soyez toujours à la recherche de détails graphiques ou révélateurs comme cette feuille.
Des images simples comme celle-ci en disent souvent beaucoup plus sur un lieu qu'une vue d'ensemble.

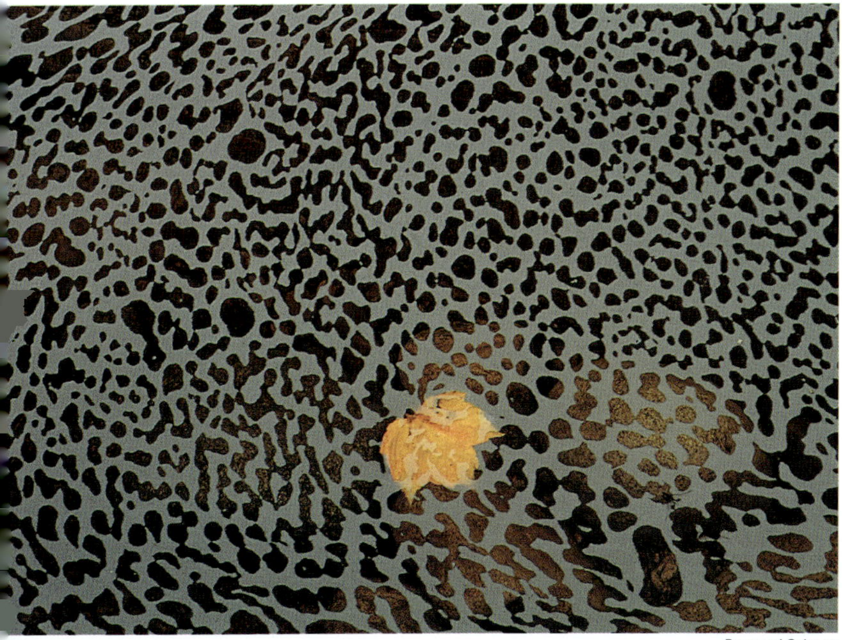

Raymond Gehman

BRUCE DALE
L'esprit du lieu

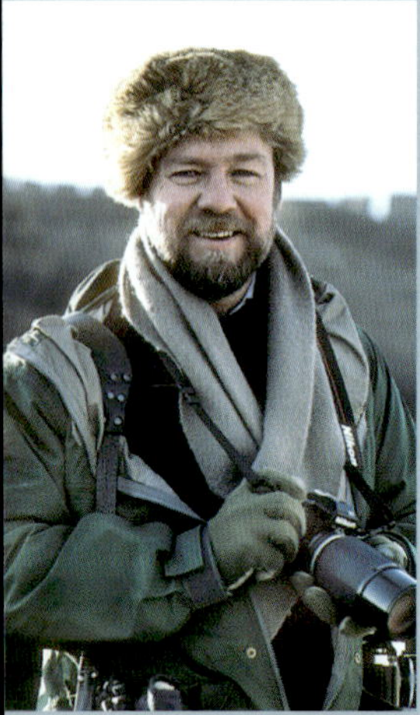

À L'ÂGE DE CINQ ANS, Bruce Dale fabriqua à partir d'un vieux rouleau de film 120 Agfa un appareil photo avec des lentilles pour la vue et du papier absorbant. Il voulait photographier une fleur. Depuis, sa passion pour la photo et son talent pour les innovations techniques astucieuses ne se sont jamais démentis. Pendant sa scolarité, il a vendu plus de cinquante photos aux journaux de Cleveland, sa ville natale. Cette précocité lui a valu de travailler sept ans au *Toledo Blade*, un journal local. En 1964, il intégra l'équipe du NATIONAL GEOGRAPHIC, qui a publié plus de 2 000 photos de Dale pendant ses trente ans de carrière. Dale fut l'un des premiers photographes à s'intéresser au numérique, dès le début des années 1970. Récemment, la Smithsonian Institution lui a décerné une récompense pour ses travaux novateurs dans ce domaine. Depuis qu'il a quitté la NGS en 1994, Dale a pimenté sa passion pour la photo d'un peu de journalisme, de pub et d'enseignement.

Durant sa carrière à la NGS, il s'est intéressé à tous les types de paysage du monde entier – déserts, montagnes, prairies ou forêts. Il attribue son succès à un cocktail de travail acharné, de passion et de chance : « Quand on m'envoie photographier un endroit que je ne connais pas, je fais beaucoup de recherches.

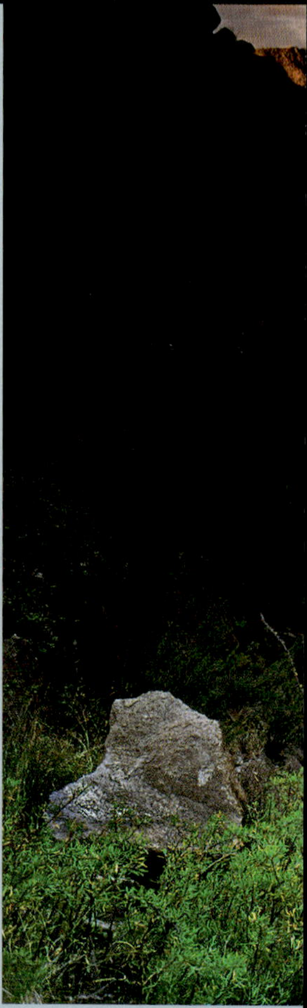

« Ouvrez les yeux, dit Bruce Dale (à gauche). Vous ne savez jamais quand l'occasion va se présenter. »

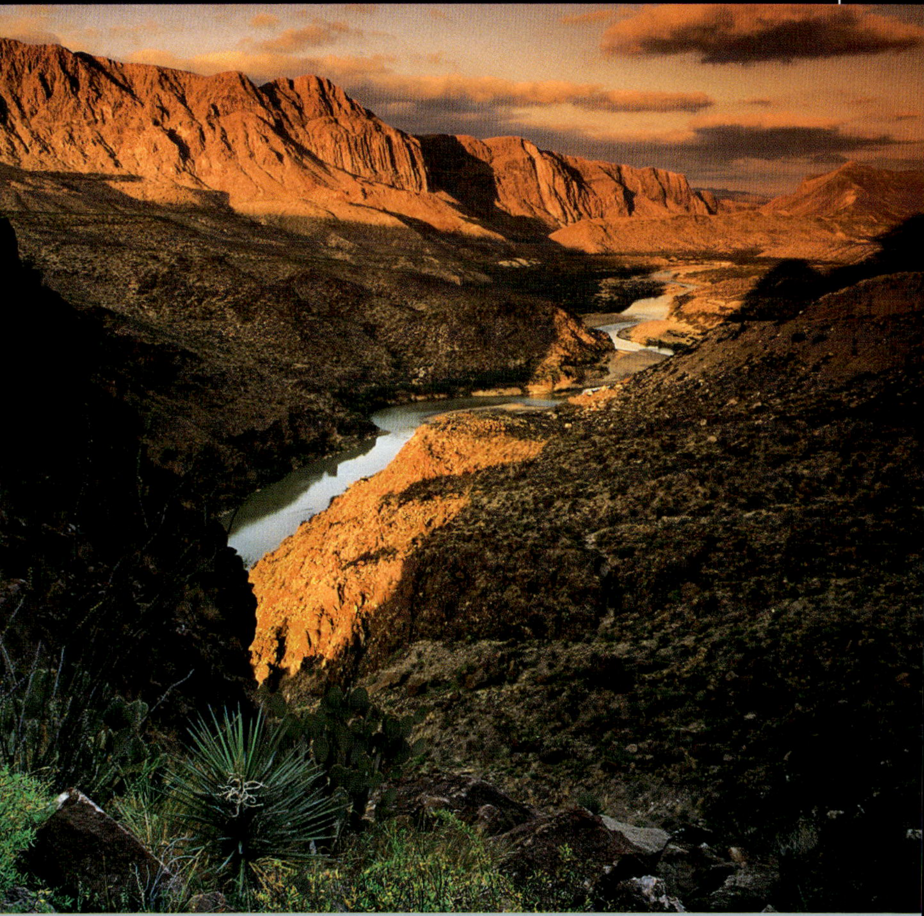

Sur cette photo du Rio Grande prise par Dale (ci-dessus), une bande de lumière longe la rivière et nous introduit dans le cliché. La poste américaine a retenu cette photo pour un timbre de 40 cents.

Je regarde des cartes postales, des livres, les sites Internet, tout ce que je peux trouver. J'étudie aussi l'art et la littérature – s'il y en a –, les poèmes, les histoires, les journaux intimes des gens qui y ont vécu, parce que je ne veux pas seulement apprendre à quoi ressemble cet endroit. Je veux savoir l'impression qu'il produit, comment les gens l'ont ressenti.

« J'ai commencé avec certains objectifs en tête, mais ce que je veux vraiment faire, c'est découvrir quelque chose de nouveau, que personne n'a jamais montré. J'ai pris certaines de mes photos préférées en allant dans des endroits que tout le monde connaît. »

Chaque année, Dale donne des cours de photo près de Santa Fe, au Nouveau-Mexique. Quand il rentre sur la côte Est, il dédaigne les autoroutes pour rouler à sa guise le long des petites routes : « En prenant simplement mon temps et en ouvrant les yeux, je découvre quelque chose de nouveau tous les jours. Ensuite, c'est une affaire de temps, d'être capable d'attendre ou, si nécessaire, de faire l'effort de revenir.

« J'ai toujours eu de la chance en me fiant à mon instinct, mais la photographie est vraiment un état d'esprit. Si vous n'êtes pas dans le bon état d'esprit, il peut y avoir toutes sortes de photos à faire autour de vous, mais vous ne les verrez pas. Vous devez rester attentif à l'endroit. »

Évidemment, lorsque vous effectuez un reportage pour un magazine, vous ne pouvez pas compter sur les miracles : « Dans chaque histoire, explique Bruce, il y a des objets que vous devez représenter. Si vous faites un reportage sur le Rhin, vous aurez besoin d'un château, de vin et du fleuve. Les éditeurs et les lecteurs s'attendent à voir ces choses, et votre boulot, c'est d'en prendre de bonnes photos, et nouvelles si possible. Prenez tout le temps qu'il faut pour obtenir une photo qui illustre bien ces sujets. »

Dale travaille en général avec du 135 mm, et ses photos donnent souvent l'impression d'avoir été prises avec un grand-angle. C'est le cas de beaucoup d'entre elles, bien sûr, mais pas de la majorité : « Une bonne image de paysage, comme toute photo, est surtout une affaire de rapports et de perspective. La plupart des gens pensent que quand ils photographient une vue d'ensemble, ils devraient utiliser un objectif large, ce qui souvent n'est pas le cas. C'est naturel d'essayer de tout mettre sur la photo, mais vous devez penser aux rapports des objets entre eux à l'intérieur du cliché. Est-ce que vous voulez vraiment tout montrer ? Choisissez, puis essayez de reculer et d'utiliser un objectif de 50 ou 85 mm pour obtenir une perspective plus agréable. Cette méthode m'a permis de réussir beaucoup de photos.

Sur cette image poétique, cette plante solitaire émerge comme par défi du sable aride d'une dune. La pente douce de la dune coupe en deux le cliché, et l'énergie de la plante est renforcée par ses tiges qui se dressent vers le ciel. Remarquez comment Dale s'est servi de la règle des tiers pour placer la plante aussi bien que la lune.

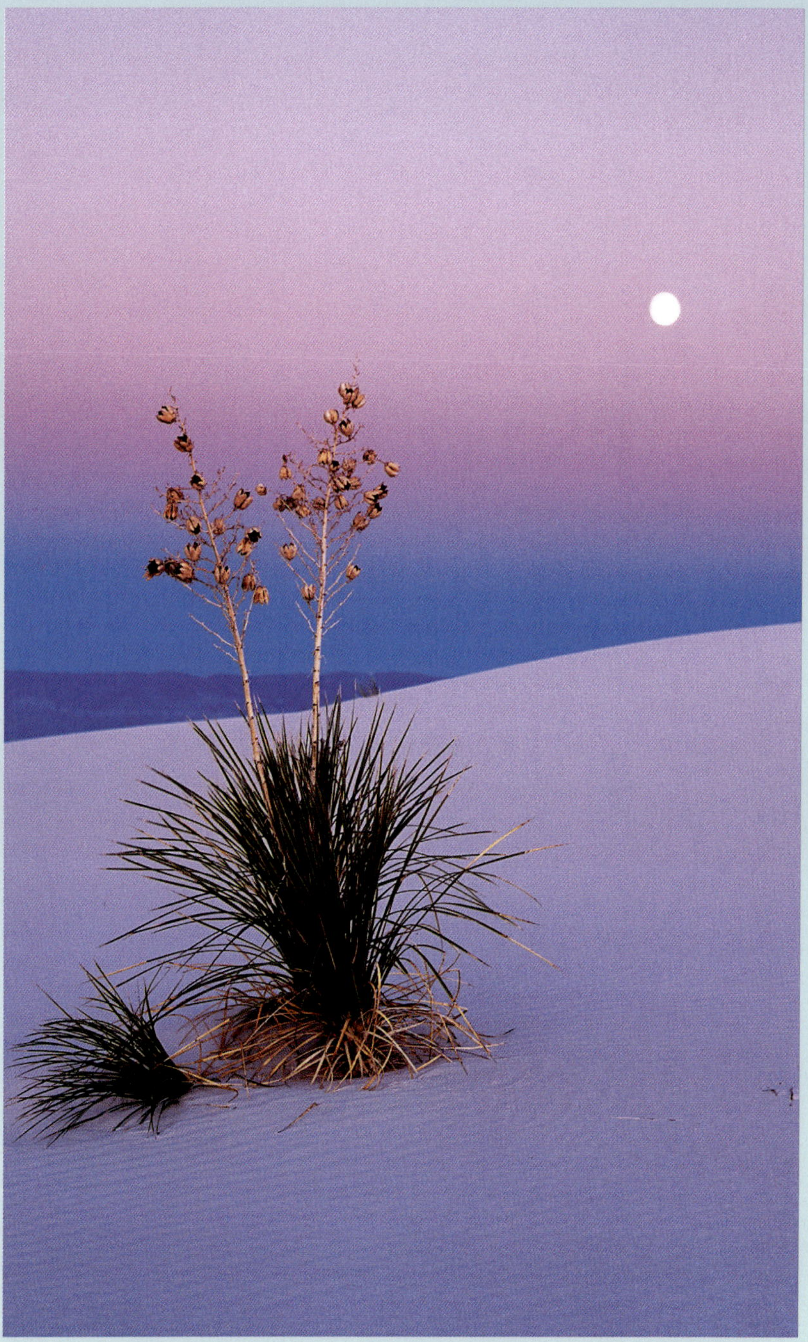

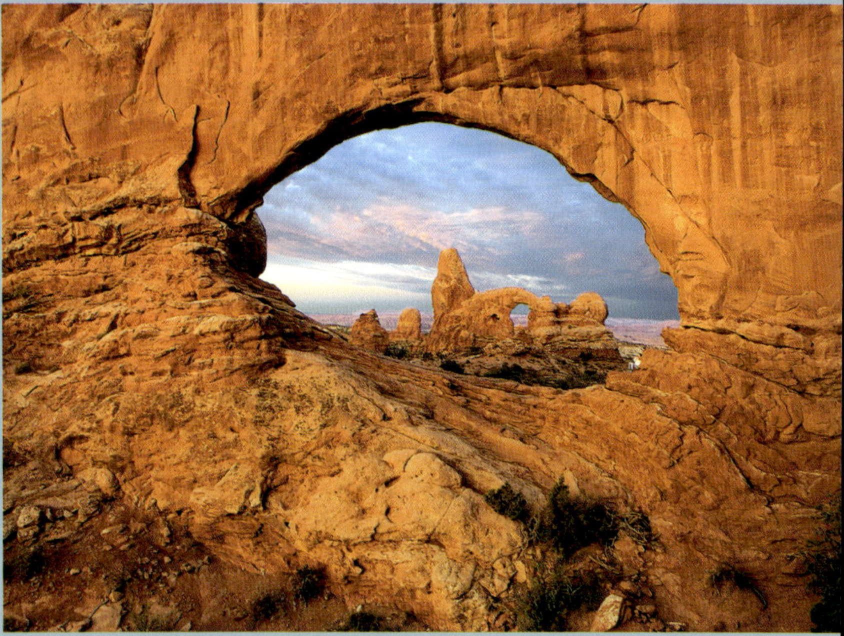

Évitez de centrer… Mais pas toujours. Quelquefois, comme dans cette composition parfaitement cadrée, le centrage offre de bons résultats. L'ouverture dans la paroi rocheuse évoque un œil qui regarderait lui-même la scène.

« Vous devez apprendre à voir comme le film. Si vous plissez les yeux ou si vous regardez la scène à travers un filtre de densité neutre puissant, vous pouvez réduire le champ de vision de votre œil et mieux simuler ce que le film saisit. C'est très utile aussi de fermer un œil, parce que cela élimine l'effet stéréoscopique et vous met sur le même plan bidimensionnel que la photo. Ensuite, regardez comme la scène change quand vous bougez seulement de deux ou trois centimètres.

« Je fixe souvent un filtre dégradé de densité neutre sur l'objectif si une scène présente un contraste appuyé, c'est-à-dire une gamme lumineuse qui dépasse les capacités du film, comme un ciel clair avec un premier plan dans l'ombre. Le but n'est pas de changer la scène, mais de saisir ce que votre œil est en train de regarder. »

Dale, en vrai fanatique de matériel, se sert de moyens et grands formats ou d'appareils panoramiques selon le sujet ou les souhaits du client. Pour son appareil préféré en 135 mm, il possède toute une variété d'objectifs du 15 mm au 500 mm, ainsi que divers filtres et accessoires. Mais ce n'est pas le plus important pour lui, et de loin : « Les objectifs, les filtres et tout le reste sont des outils. Ce qui importe vraiment, c'est de rester sensible à l'impression que produit un endroit, de prendre son temps et de se laisser envahir. Regardez la scène sous plusieurs angles, ayez la patience d'attendre la bonne lumière et, si nécessaire, revenez plusieurs fois pour trouver ce moment magique où le paysage acquiert une dimension fabuleuse. »

Les conseils de Dale

- Simplifiez votre matériel. Souvent, vous mettez moins de temps à avancer ou à reculer qu'à fouiller dans votre matériel.

- Pour les paysages, il est important de fixer son appareil sur un bon trépied. C'est même indispensable si vous travaillez avec des filtres dégradés. Si vous attendez la bonne lumière, vous pouvez tout régler et vous tenir prêt.

- Guettez le moment où le soleil est juste au bord d'un nuage. Il adoucit le premier plan d'une manière presque imperceptible.

- Regardez les ombres produites par les nuages. Elles enrichissent de façon notable vos photos.

- Pour voir la position du soleil et des nuages, ne fixez pas directement le soleil. Tenez vos lunettes de soleil devant vous et vérifier le rapport entre le soleil et les nuages dans le reflet.

- Vérifiez la position de la ligne quand vous utilisez un filtre dégradé. Cachez-la le long d'une ligne naturelle de la scène. Au besoin, faites pivoter le film. Votre objectif va diaphragmer lorsque vous prendrez la photo et la ligne sera plus nette sur le film que dans le viseur. Utilisez le filtre posé à l'envers si vous avez un premier plan très lumineux comme de la neige.

- La lumière du soleil n'est pas mal, mais je préfère la brume ou la pluie. Elles peuvent donner des images fantastiques, et les verts deviennent magiques par temps de pluie.

- Portez de bonnes chaussures. (Je me suis démis deux fois l'épaule et foulé trois fois la cheville avant de comprendre.)

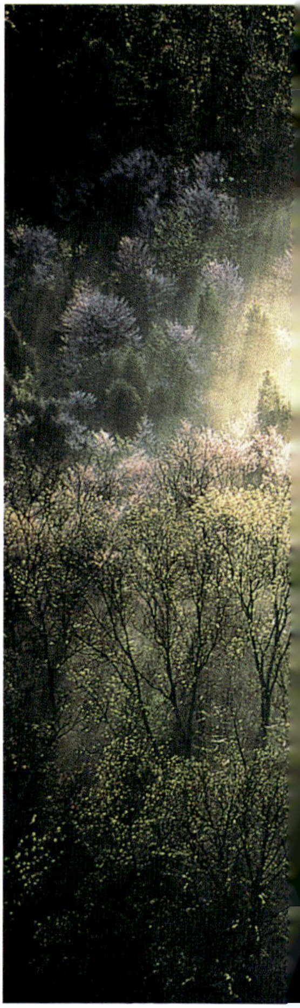

Le caractère des paysages

Les bonnes photos de paysage vous montrent et vous racontent un endroit : ce sont des documents sur son apparence et son caractère. Quand vous êtes dehors en train de regarder la nature, vous ressentez quelque chose que vos images devraient transmettre. Comme nous l'avons évoqué plus haut, pensez aux adjectifs dont vous vous serviriez pour décrire cet endroit à un ami et songez au meilleur moyen de traduire leur signification sous une forme visuelle. L'heure et la saison que vous choisissez pour votre photo auront beaucoup d'influence sur la manière dont l'endroit sera perçu. Posez-vous les questions suivantes : Certaines conditions climatiques conviennent-elles mieux que d'autres ? Qu'en est-il de la lumière du matin ? Une autre saison serait-elle plus adaptée ? Trouver la lumière et le temps qui mettent le mieux en valeur les sensations que vous procure un endroit est certainement l'aspect de la photographie de paysage qui requiert le plus de préparation et de patience. Vous devrez peut-être retourner sur les lieux plusieurs jours de suite ou même à une époque différente pour obtenir ce que vous désirez vraiment. Mais une bonne photo en vaut la peine. Bien sûr, il n'est pas toujours possible de revenir, notamment si vous êtes en voyage. Servez-vous alors de toutes les techniques, dont la composition, pour obtenir la meilleure image possible : si vous ne pouvez rien changer à la météo, faites de votre mieux avec les atouts dont vous disposez.

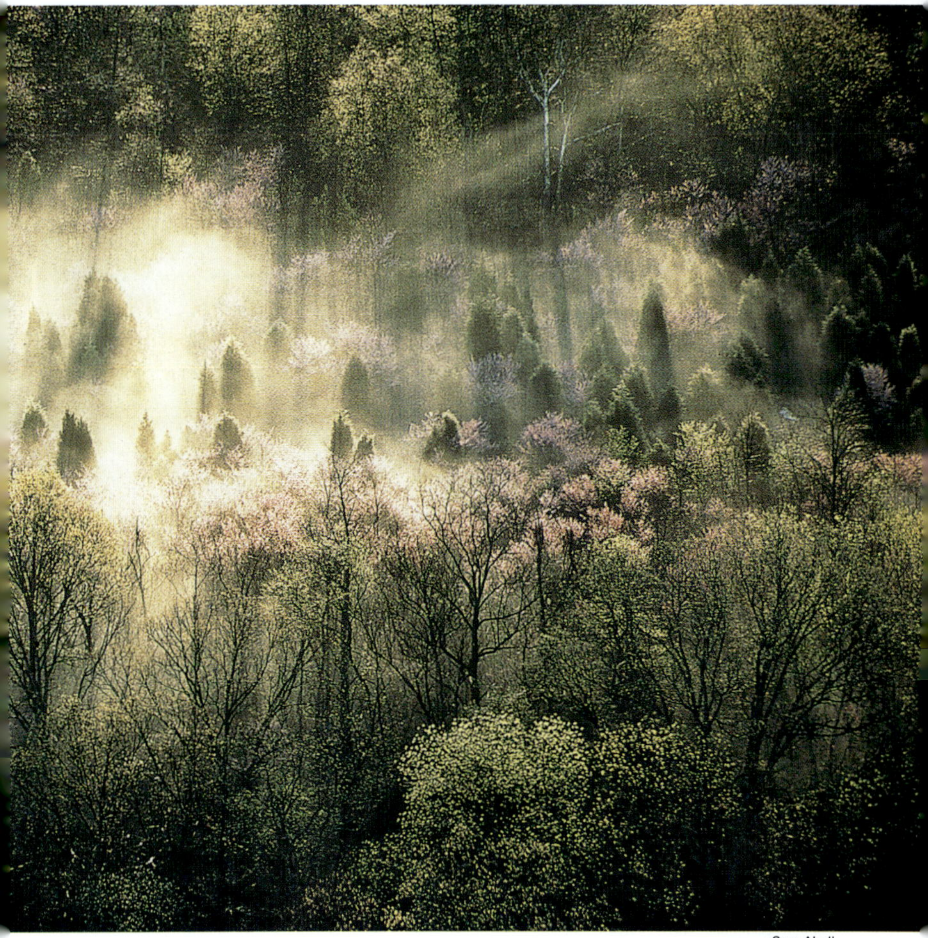

Sam Abell

L'éclairage à contre-jour, les filets de brume et les couleurs vives donnent à cette image de forêt en Virginie une beauté qui révèlent le caractère de l'endroit. Photographier à contre-jour illumine, ici, la brume et crée des ombres fantastiques.

Le temps

Le temps, quel qu'il soit, a ses qualités propres de lumière et d'ambiance. Une fois encore, vous devez penser au paysage que vous photographiez et au type de temps qui conviendrait le mieux à la sensation que vous recherchez : si vous voulez une forêt mélancolique, il est préférable de la photographier par temps de brume que par temps ensoleillé. Dans le chapitre suivant, nous parlerons en détail de tous les types de temps, mais l'important, c'est de vous souvenir qu'il

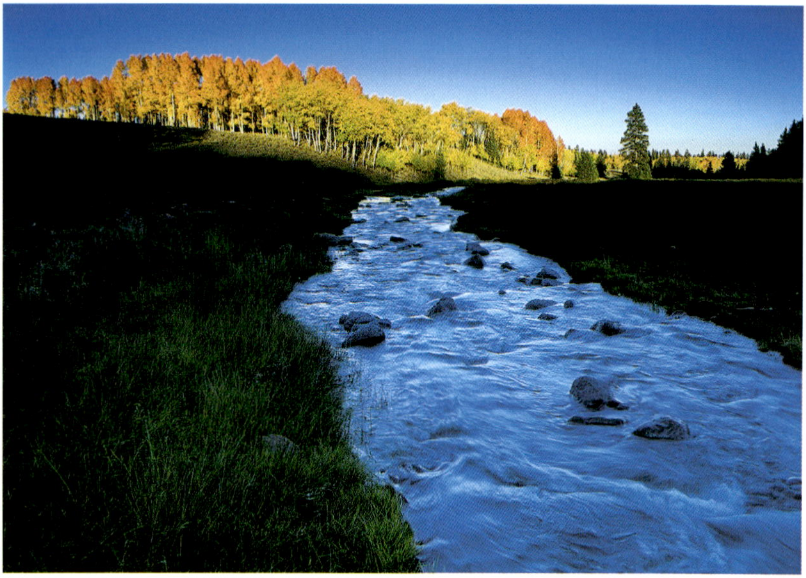

Ces photos ont été prises au même endroit, le même jour. Ci-dessus, un filtre dégradé de densité neutre sur un objectif de 20 mm a réduit le contraste entre le premier plan dans l'ombre et l'arrière-plan lumineux. Ci-dessous, un objectif de 80 mm et les arbres constituent le centre d'intérêt de l'image.

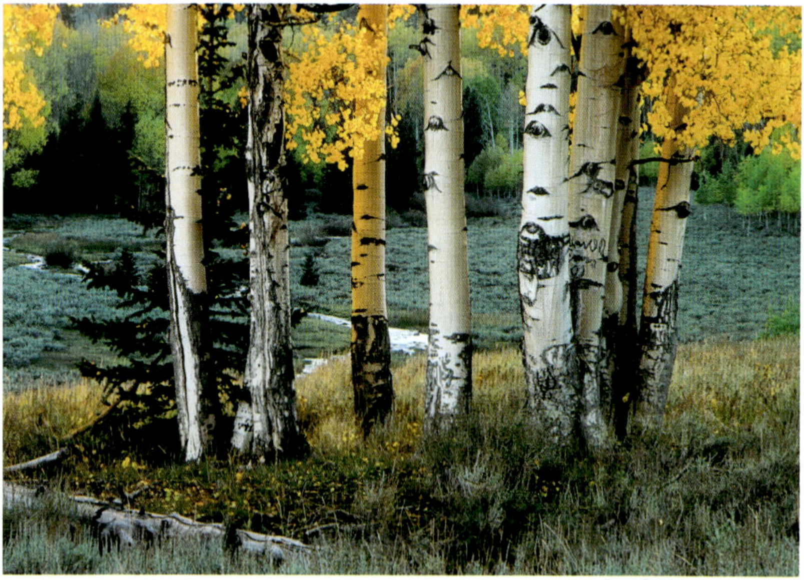

Bruce Dale (ci-dessus et en haut)

n'y a pas de « mauvais temps » pour photographier et que c'est peut-être, au contraire, ce qu'il vous faut.

La lumière et l'ambiance

La qualité de la lumière est l'un des éléments les plus importants de la photographie – après tout, ce mot d'origine grecque signifie « dessin lumineux ». La lumière touche tous les détails d'une image, de l'apparence d'un sujet jusqu'à l'impression qui s'en dégage, et la lumière ne cesse de changer. Chaque heure du jour a une qualité de lumière qui lui est propre, tout comme les saisons et le temps. Selon la qualité de la lumière – ou sa direction et sa couleur –, la scène et l'ambiance seront différentes. Lorsque vous repeignez une pièce, vous choisissez une couleur qui met le mieux en valeur l'ambiance que vous souhaitez avoir. Vous devriez choisir la couleur de la lumière de vos photos dans le même esprit.

Point pratique

Si vous séjournez plusieurs jours dans un lieu, consultez la météo pour les jours à venir et organisez vos photos en fonction du temps qui convient le mieux aux différents sujets.

L'heure

Le meilleur moyen de constater l'influence de la lumière sur une scène, c'est de regarder par la fenêtre, chez vous ou à votre bureau. Livrez-vous à ce petit exercice tôt le matin, vers midi et en fin de journée, par temps ensoleillé et nuageux, à toutes les saisons. À chaque fois, la scène et l'impression sont très différentes. Prenez des notes pour les décrire. Ou mieux encore, faites des photos à chaque fois, puis posez-les les unes à côté des autres afin de les comparer.

La lumière est plus chaude tôt et tard dans la journée, les rayons du soleil étant plus longs et contenant plus de rouge. Cela crée une palette visuelle plus agréable à nos yeux que la lumière plus blanche et plus dure de midi. Les ombres plus longues donnent aussi du modelé, ce qui améliore les contours et la définition d'une scène. Par temps couvert, la lumière est plus bleue, ce qui rend tout un peu plus froid, et l'absence d'ombre aplatit les objets. Remarquez comme une pièce est différente

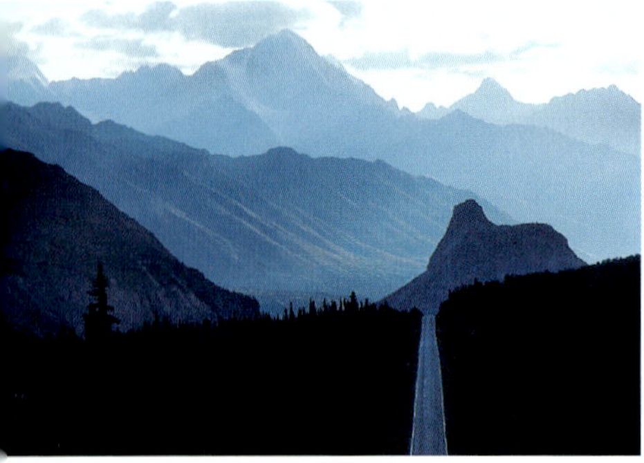

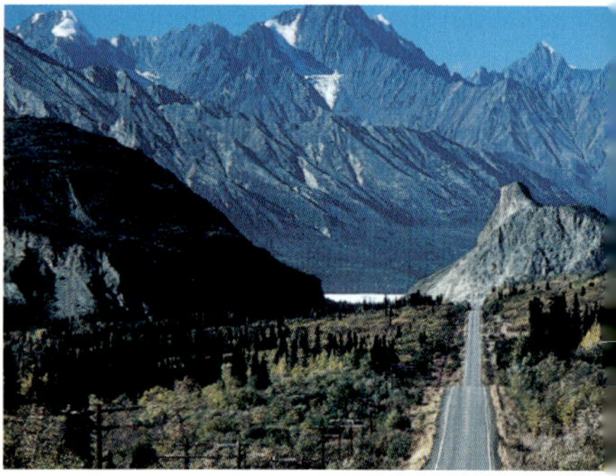

Bruce Dale (ci-dessus et à gauche)

Déplacez-vous autant de fois qu'il le faut. Ces deux images du même paysage, prises à des heures différentes de la journée, montrent clairement la différence due à la qualité de la lumière. Quand vous repérez une scène qui vous attire, pensez à la lumière qui convient le mieux et efforcez-vous d'être là au bon moment.

quand elle est éclairée par une lampe à incandescence à la lumière chaude ou par des tubes fluo au plafond. La lumière a une influence sur l'ambiance. Quand vous aurez compris ce mécanisme, vous saurez mieux rendre l'ambiance dans vos photos.

Cela ne signifie pas que vous devez photographier tous vos paysages dans la chaude lumière du petit matin ou de la fin de journée. Le moment idéal dépend de ce que vous avez à dire d'un endroit, de ce que vous ressentez. Certaines images exigent une lumière dure, mais dans le désert par exemple, vous pouvez tirer parti des ondes de chaleur qui s'élèvent à midi. La douce lumière des jours nuageux convient mieux à certains sujets.

Les saisons

Vous pouvez utiliser les qualités d'une saison pour renforcer le propos de vos photos de paysages. Si vous faites des photos depuis votre fenêtre, comme je vous l'ai conseillé, notez les différents aspects de la scène au fil des saisons. Vous serez surpris de voir à quel point l'ambiance change.

Servez-vous de la lumière et des éléments de la saison pour mettre vos images en valeur. Si vous photographiez une montagne, incluez un champ de fleurs sauvages au premier plan pour renforcer l'idée du printemps. En hiver, choisissez un ruisseau gelé, en automne, des arbres au feuillage vivement coloré.

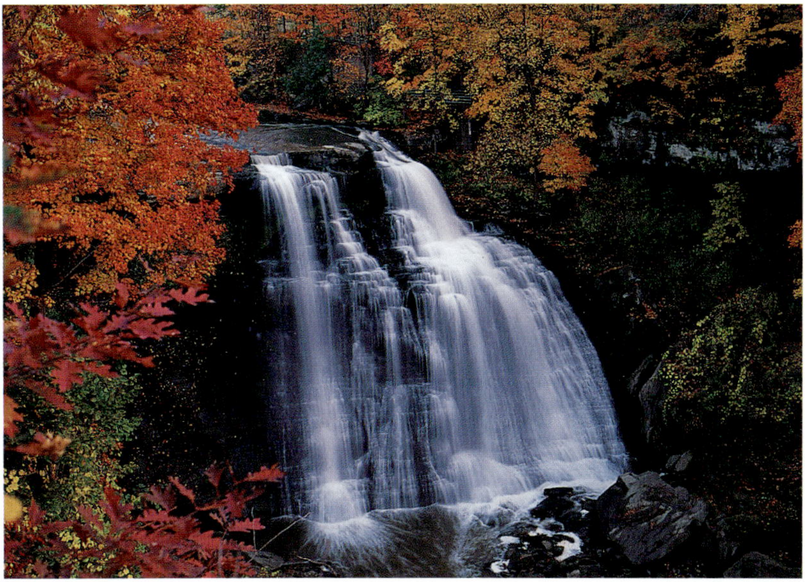

Melissa Farlow

Cette cascade, encadrée par des feuillages flamboyants, semble bondir hors du cliché (en haut). Le flou de l'eau révèle une vitesse d'obturation lente. Les roches ocre rouge sur fond de neige offrent un contraste saisissant (en bas).

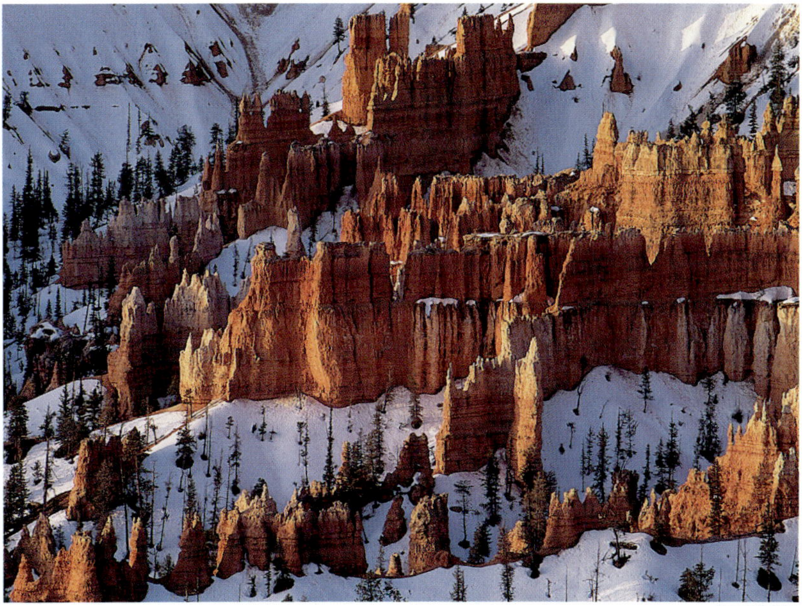

James P. Blair

Réfléchissez aux éléments qui expriment l'ambiance de la saison, mais essayez d'éviter les clichés. Les fleurs symbolisent trop facilement le printemps et les stalactites, l'hiver. Tentez de porter un regard neuf sur ces sujets, en changeant l'angle, l'objectif ou le fond. Il faut que vos images reflètent le sentiment qu'elles vous ont procuré, que vous saisissiez ce qui vous a incité à les réaliser.

Point pratique

Partez avant le lever du soleil et restez dehors après son coucher, ce sont les meilleures heures pour la lumière. Effectuez vos repérages à midi, lorsque la lumière est plus dure.

L'utilisation de la lumière

L'éclairage frontal

En général, nous faisons des photos de paysages avec le soleil dans le dos, puisque c'est notre manière de voir les choses habituellement et que ce genre de lumière attire notre attention sur une scène. Dans la plupart des cas, la lumière la plus flatteuse pour les photos est celle qui touche le sujet à un angle de 45° environ. Cependant, cette règle n'est pas impérative, et vous avez toujours intérêt à vous déplacer pour voir comment les différents angles de lumière modifient une scène.

À un angle de 45°, le soleil offre du modelé à la scène et crée des ombres qui mettent les objets en relief. Si le soleil est directement derrière vous, à 90° par rapport au sujet, le paysage aura l'air plat, sans contours qui puissent lui donner de la profondeur. Et, comme nous l'avons indiqué plus haut, plus le soleil est bas, plus les ombres sont longues et la lumière chaude. En général, l'éclairage frontal ravive les couleurs d'un paysage et permet au film d'enregistrer davantage de détails.

L'éclairage latéral

L'éclairage frontal n'est pas toujours celui qui convient le mieux. Avec un éclairage latéral, vous pouvez obtenir des effets très forts, un côté de votre sujet étant pleinement éclairé et l'autre plongé dans une ombre profonde. Si vous cherchez des formes ou des motifs, l'éclairage latéral vous permettra souvent de les souligner.

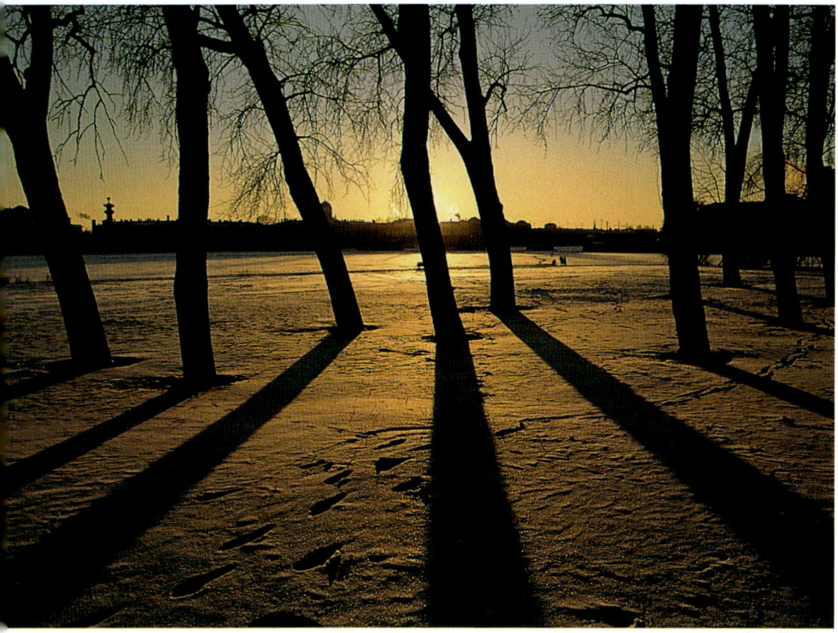

Sisse Brimberg

L'exposition se révèle parfois délicate avec ce type d'éclairage. Les posemètres intégrés, qui calculent une moyenne, risquent de sous-exposer le côté éclairé et de surexposer le côté à l'ombre. Effectuez votre mesure d'après la partie entièrement éclairée, en vous en rapprochant ou en utilisant une mesure sélective (ou spot) si votre appareil en est équipé.

L'éclairage à contre-jour

Pensez toujours à jeter un coup d'œil derrière vous, lorsque vous êtes à la recherche de bonnes photos. Vous pouvez vous servir d'un éclairage à contre-jour afin de produire des effets esthétiques et de faire ressortir certaines qualités qui seraient cachées par un éclairage frontal. Les feuilles, les stalactites, les barbes d'un épi, etc., revêtent un aspect féerique avec un éclairage à contre-jour et acquièrent une qualité complètement différente.

Il est plus difficile de travailler avec un éclairage à contre-jour qu'en lumière frontale à cause du

Grâce à l'éclairage à contre-jour, cette photo d'ombres et de troncs d'arbres acquiert une dimension graphique spectaculaire. Le photographe a caché le soleil couchant derrière un arbre pour empêcher le ciel d'être « brûlé » par la surexposition. Les ombres tiennent lieu de lignes directrices.

contraste prononcé. Si vous photographiez une scène éclairée à contre-jour, observez-la attentivement. Quelle partie doit être mise au point correctement ? Où voulez-vous voir des détails ? S'il y a beaucoup de ciel, sa luminosité risque de dominer la scène et d'induire en erreur la cellule qui va sous-exposer tout le reste. Si le ciel est un élément important, pas de problème ; mais si ce n'est pas le cas, cadrez autrement pour en éliminer la majeure partie. Si vous gardez beaucoup de ciel dans le cadrage et que vous exposez quelque chose à terre qui est éclairé à contre-jour, le ciel va tout « brûler » et tout perturber.

Point pratique

Pour apprendre comment la direction de la lumière intervient dans l'aspect et l'ambiance d'une photo, photographiez un tronc d'arbre éclairé de face, de côté et à contre-jour.

En général, si un sujet est éclairé à contre-jour, c'est pour percevoir certains détails et illuminer les contours. Vous devez faire votre mesure d'après le sujet et réfléchir à la façon dont vous allez rendre tout le reste. Parfois aussi, vous désirez simplement avoir une silhouette. Dans ce cas, exposez correctement le fond et photographiez le sujet qui se détache sur ce fond. À chaque fois que vous photographiez un soleil levant ou couchant, il s'agit d'une scène éclairée à contre-jour.

Les lumières d'appoint : les flashes et les réflecteurs

Souvent, les sujets du premier plan de votre photo sont dans l'ombre ou éclairés par une lumière différente de celle du fond. Cela est particulièrement vrai dans un éclairage à contre-jour mais peut aussi se produire si un arbre ou la paroi d'un ravin forme une ombre. Si vous cherchez à réaliser une image dans laquelle la forme d'un objet (les contours d'un arbre par exemple) revêt une importance spéciale, l'idéal serait de ne saisir que la silhouette. Le contour graphique offre plus d'intérêt que l'arbre bien éclairé. Mais si vous voulez montrer quelques détails de l'arbre, il vous faut une autre source lumineuse. Par ailleurs, si vous ajoutez de la lumière, vous maîtriserez mieux la lumière dure de midi, car vous adoucirez les ombres sur votre sujet. Si vous faites une photo à une heure de la journée qui n'est pas du tout propice, utilisez un réflecteur ou un flash afin d'obtenir une image correcte – sinon, le résultat ne sera pas très photogénique.

En général, vous réfléchissez aux sujets du premier plan et à ceux qui sont assez près de vous pour déterminer le niveau de détail que vous voulez leur donner. Les objets distants et assez petits n'ont pas toujours une grande importance, car le spectateur ne pourra pas les voir nettement. Si un objet vous semble important, vous pouvez l'éclairer, quelle que soit la distance. Si vous prenez un réflecteur, posez-le près de cet objet afin que la lumière soit assez forte pour impressionner le film. Si c'est un flash, raccordez-le à un déclencheur à distance qui vous permet de le déclencher en même temps que l'appareil. Quand vous utilisez un système optique ou infrarouge, assurez-vous que le déclencheur peut « voir » l'émetteur. Ce n'est pas nécessaire avec les télécommandes radio. (La plupart des déclencheurs optiques ne fonctionnent qu'au coucher du soleil, à l'aube et la nuit, lorsque la lumière ambiante est très faible.) Pour éclairer différents objets, servez-vous de plusieurs réflecteurs ou de flashes avec déclencheur à distance ou d'une cellule d'asservissement.

Les réflecteurs

Presque toutes les surfaces blanches reflètent de la lumière sur un objet, que ce soit un morceau de carton blanc ou un drap, etc. Certains réflecteurs vendus dans le commerce forment de minuscules paquets faciles à transporter. Quelques-uns sont blancs d'un côté et dorés de l'autre, ce qui donne une lumière plus forte. Faites attention à la lumière du côté doré, qui est très contrastée et plus chaude que celle du soleil.

La taille apparente de la source lumineuse par rapport à la position du sujet détermine la dureté ou la douceur de la lumière : plus le réflecteur est proche, plus la lumière réfléchie par le sujet sera douce.

PAGES SUIVANTES :
Il existe bien des manières d'ajouter de la lumière dans un paysage. Cette scène, si l'on excepte la lueur qui disparaît dans le ciel, n'est éclairée que par les flammes du feu de camp, saisies à une vitesse lente de 1/4 de seconde.

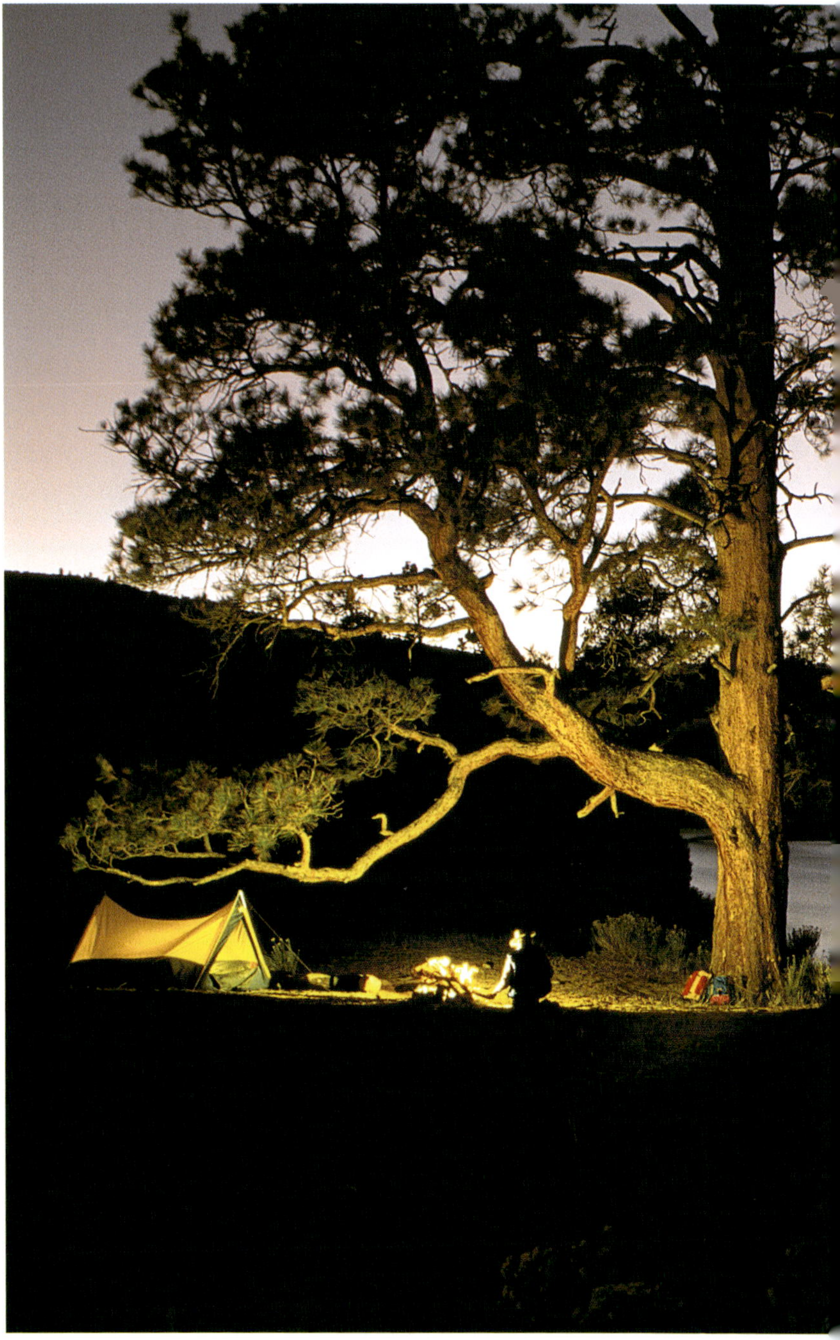

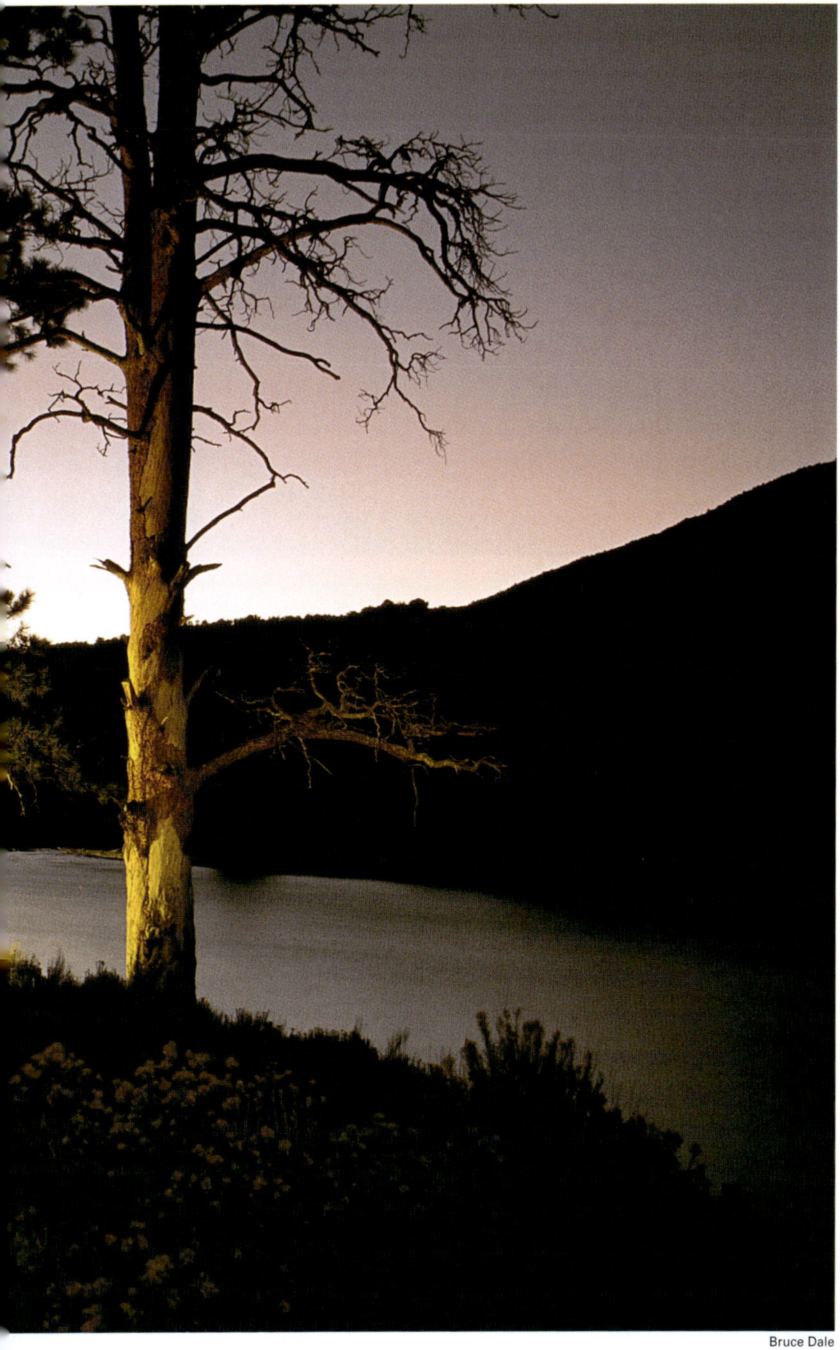

Bruce Dale

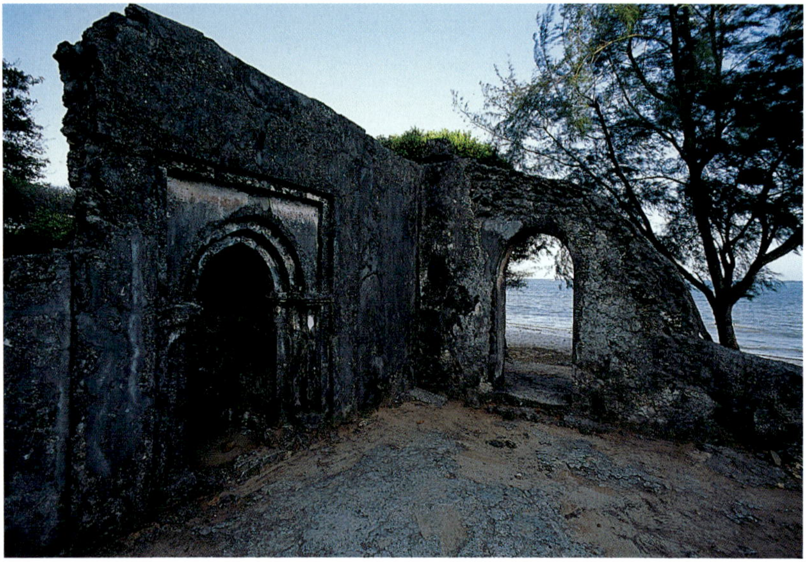

Pour étudier les effets d'un réflecteur, regardez le sujet tout en déplaçant le réflecteur pour qu'il réfléchisse plus ou moins de lumière. Plus vous rapprochez le réflecteur du sujet, plus vous augmentez la quantité de lumière diffusée. Ce qui vous plaît le plus est sans doute aussi ce qui donnera le meilleur résultat sur le film. Pensez aux qualités du sujet que vous souhaitez souligner : voulez-vous voir tous les détails ? Si oui, il faut que la lumière projetée sur le sujet soit égale ou presque à celle de l'arrière-plan. Si vous voulez que le sujet soit un peu plus sombre, réduisez la réflexion et continuez jusqu'à ce que vous n'ayez plus qu'une silhouette noire.

Point pratique

Cachez bien le flash indépendant ou le réflecteur, derrière un rocher par exemple, afin qu'il n'apparaisse pas sur le cliché.

Le flash

Vous pouvez vous servir de flashes pour éclairer vos sujets, en suivant les mêmes principes qu'avec les réflecteurs. Réfléchissez à la quantité de lumière que vous souhaitez ajouter au sujet, puis réglez votre flash. La plupart des flashes modernes disposent de fonctions qui vous permettent de régler leur puissance, souvent par paliers d'un tiers de valeur. Si vous ne faites pas de réglage, le flash émettra assez

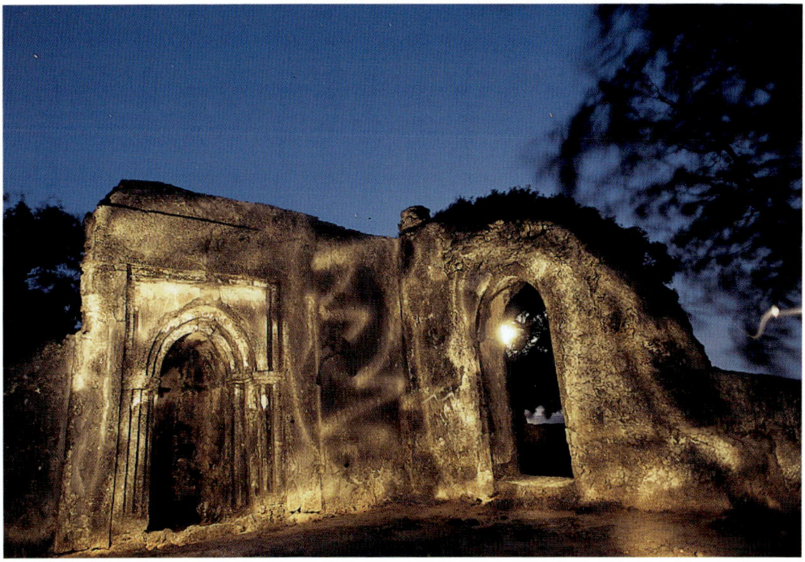

Les ruines de cette mosquée posaient un défi à cause du cadre et de la lumière. Au crépuscule, j'ai fixé l'appareil sur un trépied, réglé l'obturateur sur une pose longue (+ de 30 s) puis j'ai dessiné sur les murs avec mon flash. Effectuer plusieurs expositions donne parfois des résultats surprenants.

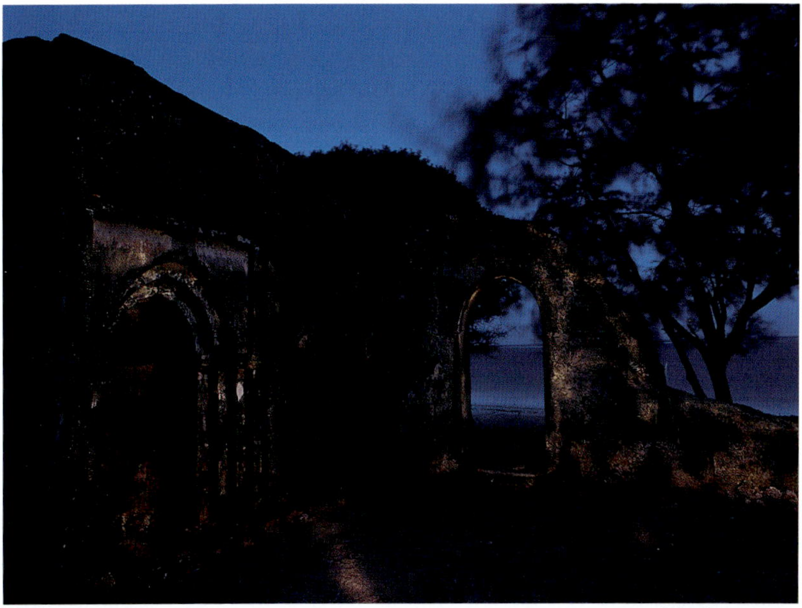

Robert Caputo (toutes)

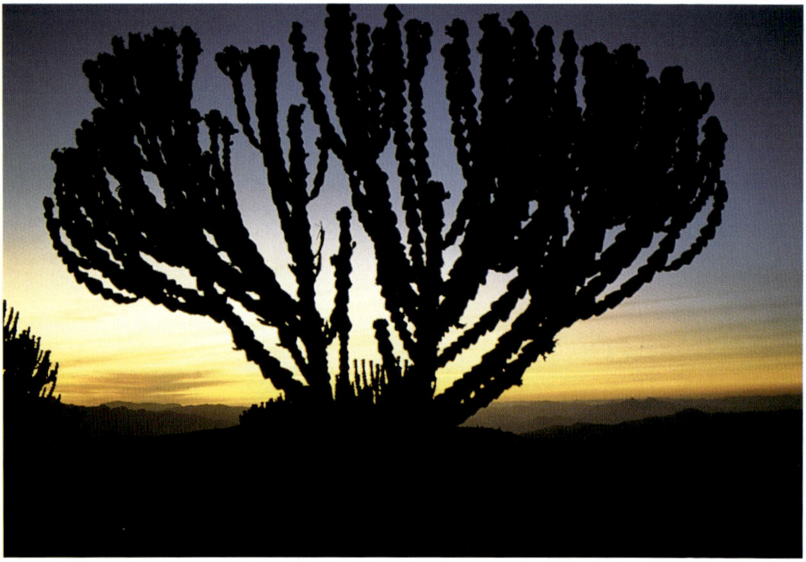

de lumière pour que la valeur d'exposition du sujet s'harmonise avec le reste de la scène. Si vous voulez voir tous les détails, c'est souvent une bonne solution. Pour avoir un sujet un peu plus sombre, réduisez la puissance du flash d'un tiers, de deux tiers, d'un diaphragme, voire plus, selon l'effet recherché.

Avec un flash intégré, la lumière éclaire le sujet de face. Pour obtenir une lumière un peu moins directe, tenez le flash sur le côté. En général, les flashes sont reliés à l'appareil par un cordon, ce qui permet de les éloigner sans empêcher la synchronisation. N'oubliez pas que les flashes ont une portée limitée. Vous ne pouvez pas vous en servir pour éclairer un objet trop éloigné. Rapprochez-vous ou utilisez un flash à distance (voir plus haut).

Point pratique

L'adhésif est un accessoire indispensable en photo. Il rend toutes sortes de services : vous pouvez scotcher les réflecteurs et les flashes pour qu'ils ne bougent pas, indiquer le type du film sur le dos de l'appareil ou rendre étanches vos caisses de matériel.

L'exposition et le bracketing

Rien n'est pire que de regarder des tirages ou des diapositives et de remarquer une photo qui aurait été parfaite avec une exposition correcte. Choisissez toujours votre exposition avec le plus grand soin. Les

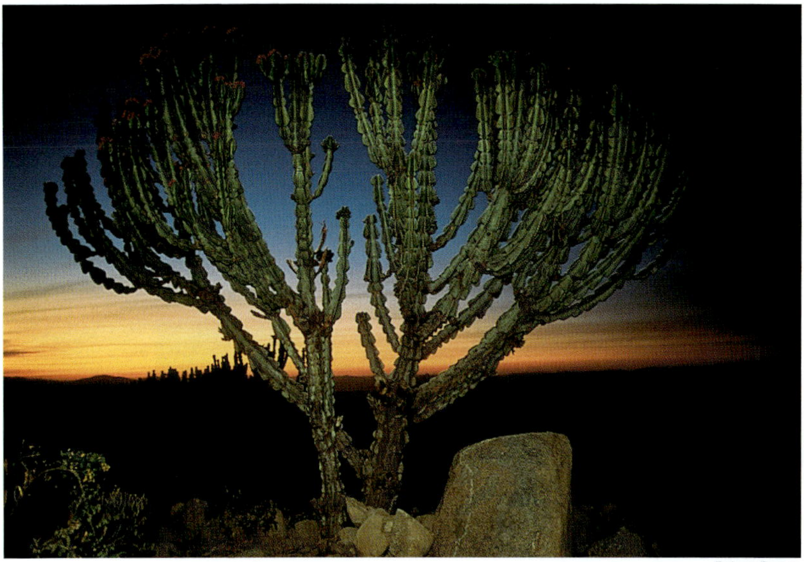

Robert Caputo

Ajouter de la lumière avec un flash électronique : la silhouette noire de l'euphorbe étant un peu trop dramatique, j'ai décidé de l'éclairer avec un flash intégré. Vous pouvez faire un bracketing avec votre flash pour trouver l'équilibre que vous voulez. Ici, je voulais juste quelques détails et un peu de couleur sur la plante.

appareils modernes comportent des systèmes de mesure remarquablement sophistiqués, mais qui ne sont pas à l'abri d'une erreur. Lorsque vous regardez dans le viseur, considérez les valeurs tonales du sujet. Si vous photographiez une plage, une colline enneigée ou un paysage avec un grand ciel, votre posemètre intégré risque de sous-exposer. Si ce que vous voyez est très foncé, l'appareil va surexposer. Effectuez votre mesure d'après une carte gris neutre (comme sur la deuxième de couverture de ce livre) ou un élément de la scène ayant la même valeur tonale. Les photographes, qui préfèrent les cellules en lumière incidente (indépendantes de l'appareil), utilisent rarement le posemètre intégré. Ici, l'adjectif « incidente » qualifie la lumière qui éclaire la scène. Ce type de cellule donne une mesure très pré-

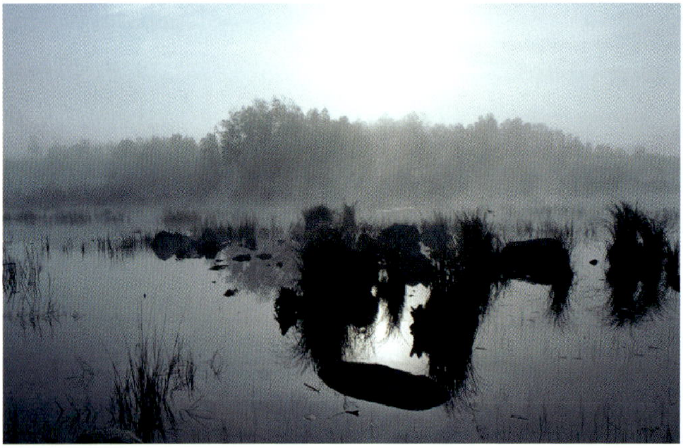

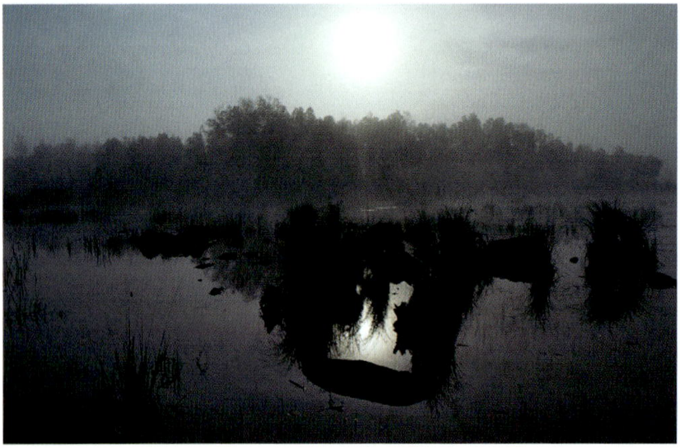

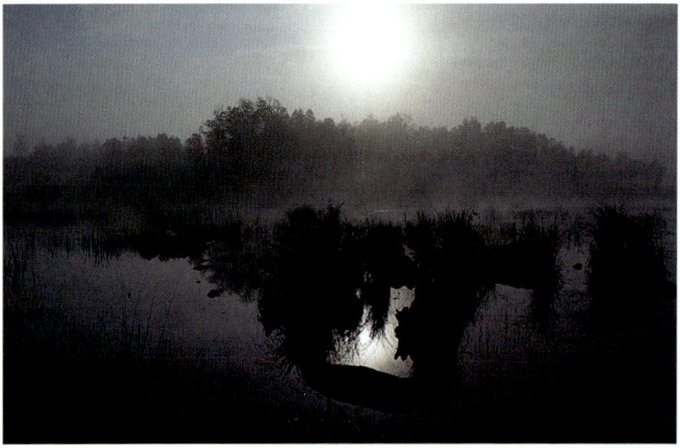

James P. Blair (toutes)

cise qui présente un écart d'un demi-diaphragme environ par rapport à la mesure prise avec une carte gris neutre, puisque maintenant les posemètres sont calibrés sur 12,5 %. Des études récentes ont prouvé que ce pourcentage, soit un demi-diaphragme de reflet en moins qu'avec une carte gris neutre, correspond à la luminosité d'une scène moyenne. Pour ne pas trop compliquer les choses, les cartes gris neutres sont toujours d'un gris à 18 %, mais les instructions expliquent clairement cet écart.

Une bonne exposition est essentielle pour réussir une photo, en partie parce que les films et les cartes numériques ne sont pas aussi souples – et de loin – que nos yeux. Quand nous regardons une scène, nos yeux se livrent à une mise au point si rapide que nous pouvons voir des détails dans les zones très claires comme dans les coins d'ombre sans effort apparent. Le film n'en est pas capable. Réglez votre exposition en fonction de l'endroit où vous voulez des détails, sans perdre de vue ce qui se passe ailleurs dans le cadrage.

Dans toute situation, et en particulier avec les paysages qui vous permettent de prendre votre temps, le bracketing est conseillé : photographiez une scène trois fois, en modifiant l'exposition d'un palier au-dessus et au-dessous du point de départ. Les films négatifs ayant une certaine souplesse, vous pouvez vous tromper d'un diaphragme ou même plus, sans pour autant rater votre photo. Ce n'est pas le cas des films inversibles qui ont une latitude beaucoup plus restreinte. Avec le bracketing, vous êtes sûr d'avoir au moins une photo correctement exposée.

La deuxième raison qui justifie le bracketing, c'est que les obturateurs, étant des pièces mécaniques, n'offrent pas toujours une précision idéale. Quand

Point pratique

Pour en savoir plus sur votre film préféré, faites un bracketing d'un demi-diaphragme dans chaque sens, puis analysez comment le film réagit aux différences d'exposition. Beaucoup de photographes professionnels exposent le Kodachrome 64 ISO à 80 ISO.

Le bracketing modifie l'aspect d'une scène et la sensation qui s'en dégage. C'est tout à fait le cas sur les photos ci-contre. Devant des éclairages délicats, faites toujours un bracketing pour être sûr d'obtenir l'effet recherché.

vous réglez l'obturateur sur une vitesse de 1/125, il est possible que la durée réelle de l'exposition soit de 1/100 ou 1/150. Le bracketing permet de compenser cet écart.

Le plus souvent, le bracketing consiste en trois photos successives, une prise d'après votre mesure, une autre inférieure d'un demi-diaphragme et la

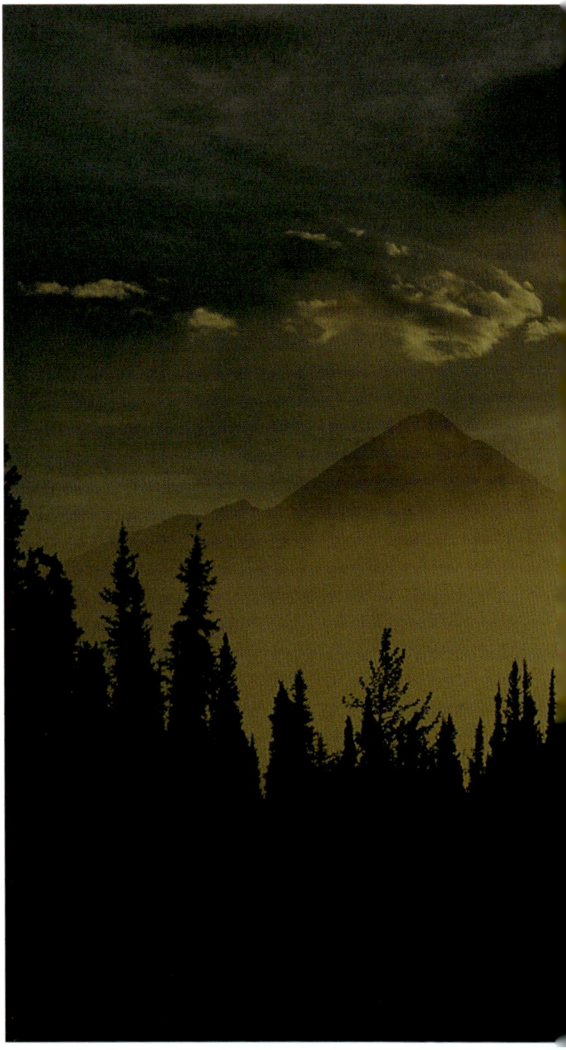

Cette scène, dominée par les zones sombres, avec un soleil couchant lumineux, requiert un bracketing, surtout si vous voulez saisir les hautes lumières sur les nuages. Ne pensez pas au coût de quelques clichés supplémentaires si la scène en vaut la peine.

Point pratique

Que vous utilisiez un posemètre intégré ou une cellule en lumière incidente, faites bien attention à prendre votre mesure d'après la même lumière que celle de votre sujet principal.

dernière supérieure d'un demi-diaphragme. Certains appareils, une fois programmés, le font automatiquement. Bien sûr, vous consommez un peu plus de pellicule avec cette technique, mais comme elle garantit une bonne photo, vous y gagnez. Comparez tout simplement le prix du film à celui de votre voyage.

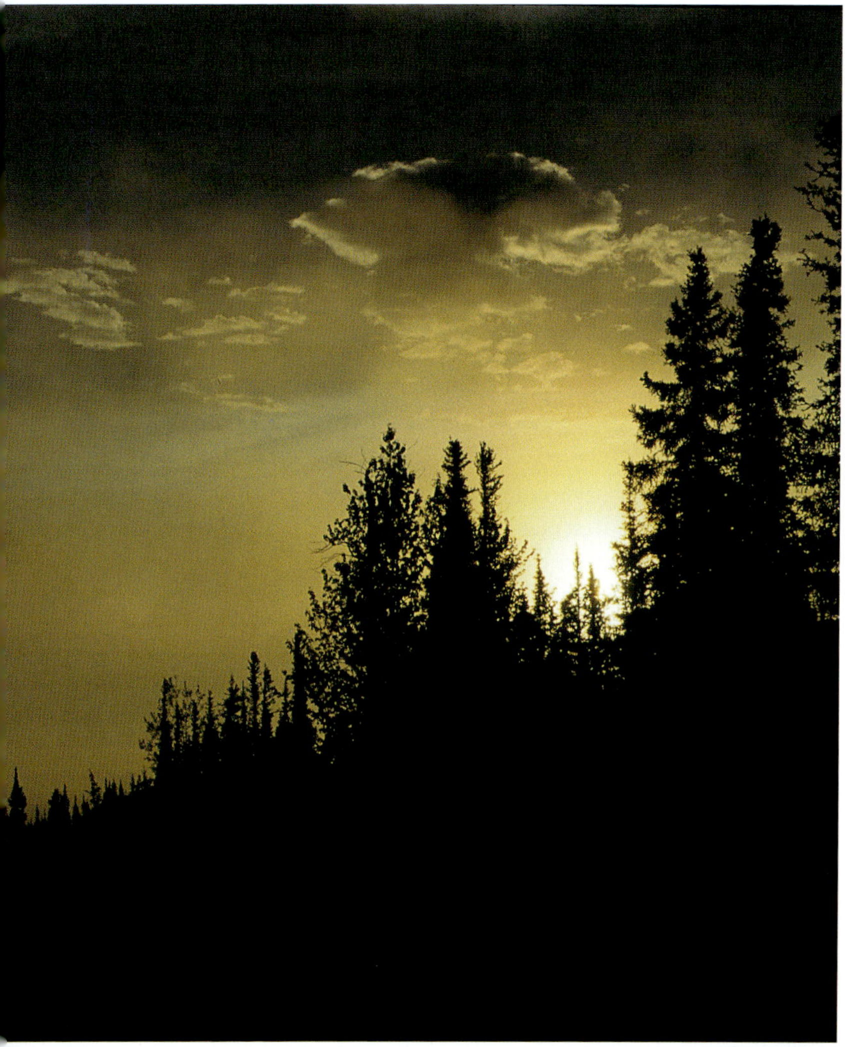

George F. Mobley

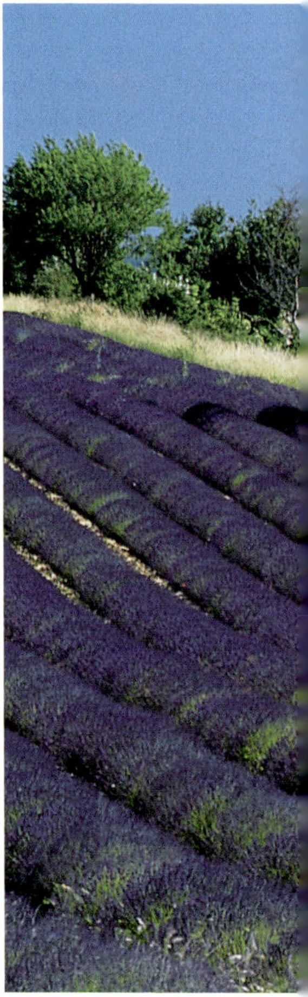

Le temps ensoleillé

LA PLUPART DU TEMPS, nous prenons des photos de paysages par temps ensoleillé, tout d'abord parce que le soleil nous fait sortir de chez nous et que ces photos sont souvent belles. Mais n'oubliez pas certains points, que nous avons déjà abordés en partie.

Dans le chapitre précédent, nous avons vu que la lumière du matin ou de la fin de journée, plus chaude, avantage souvent les paysages. Pour profiter des rayons de soleil horizontaux, partez tôt et rentrez tard. Quand vous explorez un endroit, imaginez comment le soleil l'éclaire le matin et le soir, et prévoyez de prendre vos photos dans la meilleure lumière.

Cette règle admet néanmoins des exceptions. Pour certains paysages, il est plus intéressant de choisir le soleil de midi, parce que c'est le meilleur moyen de parvenir à l'effet recherché (aridité ou dureté). Dans ce cas, n'ayez pas peur de photographier en milieu de journée. Pour voir les détails d'un sujet au premier plan, utilisez un réflecteur ou un flash d'appoint. Vous pouvez aussi montrer les lumières parasites qui apparaissent sur l'objectif, si cela renforce l'effet d'ensemble. Mais faites attention quand vous vous servez des lumières parasites : si vous les maîtrisez bien, elles soulignent l'idée de chaleur, sinon elles couvriront l'image d'une brume brillante. Pour vérifier, servez-vous du test de profondeur de champ si votre appareil possède cette option. Placez un pare-soleil sur votre objectif pour réduire ces lumières indésirables.

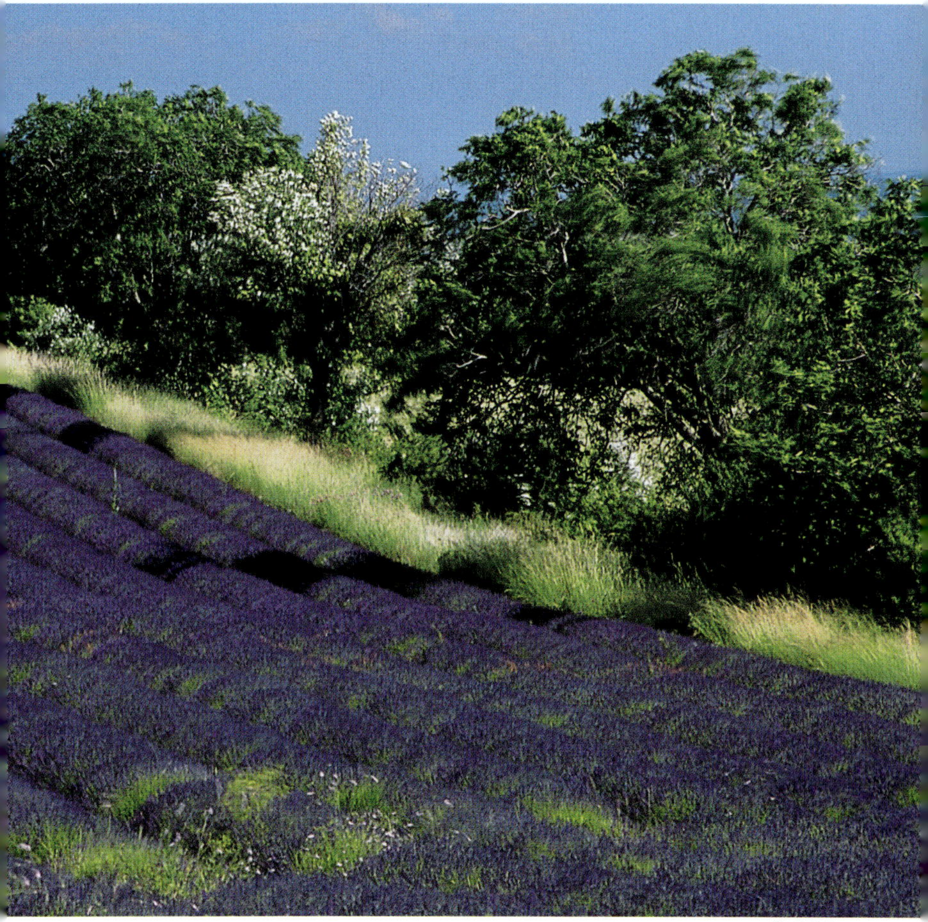

Bruce Dale

Les jours nuageux

Si le soleil se cache, ne croyez pas qu'il soit impossible d'obtenir des paysages fabuleux. Observez attentivement les types de nuages, énormes et ternes ou cotonneux et blancs. Les ciels chargés donnent parfois plus de caractère aux paysages et rendent certaines ambiances mieux qu'un temps ensoleillé.

Si les nuages sont intéressants et pas trop épais, vous pouvez les intégrer dans votre composition.

Cette photo prise en plein soleil, où les plantes vertes et bleues créent des jeux de lumière, exprime toute l'intensité d'une journée d'été. Déterminez la lumière et le temps qui rendent le mieux le caractère d'un paysage.

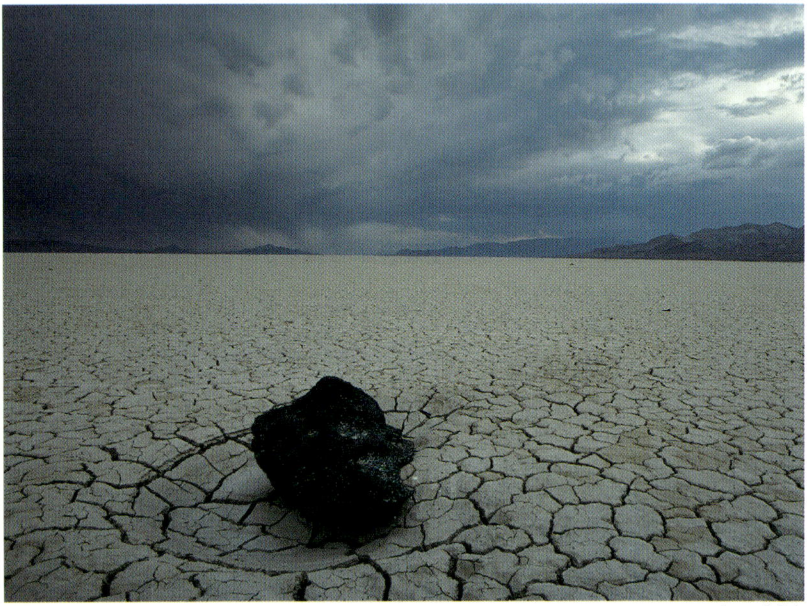

James P. Blair

Un temps couvert est souvent capable de restituer une ambiance. Ici, le photographe a accordé presque autant d'importance au ciel qu'à la terre.

Mais s'ils forment une fine couche blanche, vous avez intérêt à les ignorer, car ils formeront une masse blanche sur le cliché. Face à un grand ciel blanc, faites attention en mesurant la lumière, les posemètres intégrés ayant tendance à sous-exposer dans ce cas.

Les nuages épais sont parfois à l'origine de splendides photos de paysages, parce que la lumière qui les traverse, très douce et diffuse, renforce la saturation des couleurs du film. Les nuages épais peuvent présenter certains avantages dans les images où la richesse des coloris revêt une grande importance, comme les feuillages d'automne. Si vous utilisez un film sensible, ce qui est en général préférable à cause du grain fin et du rendu des couleurs qu'il permet d'obtenir, pensez à vérifier la profondeur de champ. Par temps très nuageux, la lumière peut être assez faible et vous aurez alors besoin d'une vitesse d'obturation lente (et d'un trépied) pour obtenir la bonne profondeur de champ.

Point pratique

Sous la pluie, jouez sur les vitesses d'obturation pour repérer l'effet produit par le figé et le flou.

La pluie

La pluie peut donner des images magnifiques. Elle peut renforcer une atmosphère, surtout pour les photos évocatrices. Tout d'abord, pensez à la façon dont vous voulez représenter la pluie. En général, les gouttes de pluie se perçoivent mal sur un fond clair ; un arrière-plan sombre s'avère plus adéquat. Si ce n'est pas possible, essayez de dénicher quelque chose qui fasse voir la pluie : des ronds dans l'eau formés par les gouttes de pluie, par exemple. Et regardez autour de vous pour voir comment la pluie modifie votre scène. L'eau peut briller sur des feuilles ou des rochers, rehausser les coloris des mousses ou des autres plantes, ou accentuer les contours du côté d'un tronc exposé au vent qui deviendra plus foncé. Si vous préférez que le spec-

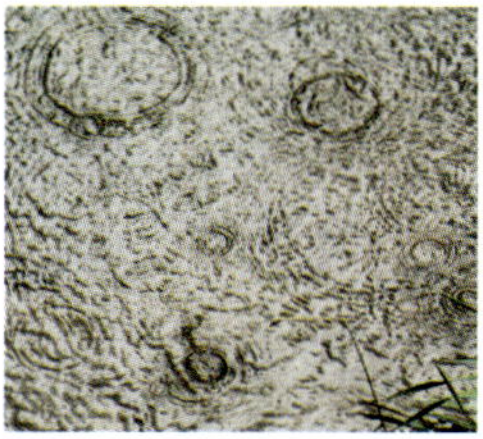

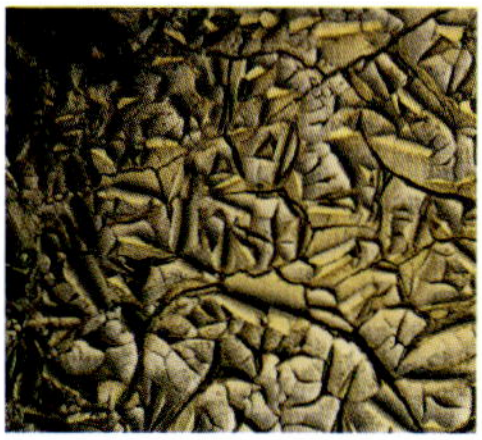

Ces trois photos de la rivière Pecos (Nouveau-Mexique et Texas), à des saisons différentes, ne produisent pas du tout les mêmes effets : hiver ci-dessous, pluies et sécheresse estivale sur les gros plans du haut, pris au même endroit. Si un coin vous plaît particulièrement, photographiez-le à diverses époques de l'année pour étudier l'influence du temps sur l'ambiance de vos images.

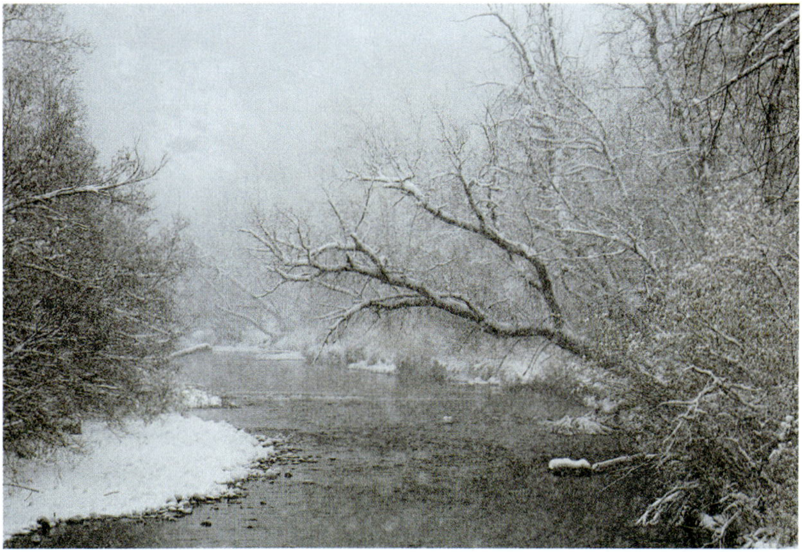

Bruce Dale (toutes)

tateur ignore qu'il pleut, trouvez des éléments pour exprimer votre parti pris.

Quel type de pluie souhaitez-vous ? Pluie figée ou longues stries barrant l'image ? Pour figer la pluie, choisissez une vitesse d'obturation d'au moins 1/125. À 1/60, la pluie forme des stries qui s'allongent au fur et à mesure que la vitesse diminue. N'oubliez pas de photographier les gouttes sur un fond foncé.

Pour garder votre matériel au sec, placez-vous à l'abri d'un porche ou autre. Il existe dans le commerce des protections en plastique pour les appareils, mais vous pouvez aussi vous servir d'un sac en plastique : entourez-en l'appareil, en laissant un trou pour l'œil et un autre pour l'objectif. Les pare-soleil constituent une bonne solution, mais il est presque impossible de garder l'objectif vraiment au sec. Vérifiez et essuyez aussi souvent que possible.

La rivière de brume qui longe la vallée ci-dessous forme une ligne qui porte notre regard à l'intérieur du cliché. L'ambiance serait toute différente par temps clair et ensoleillé. À droite, les arbres voilés de brume et photographiés à contre-jour ne produisent pas le même effet qu'un bosquet au soleil.

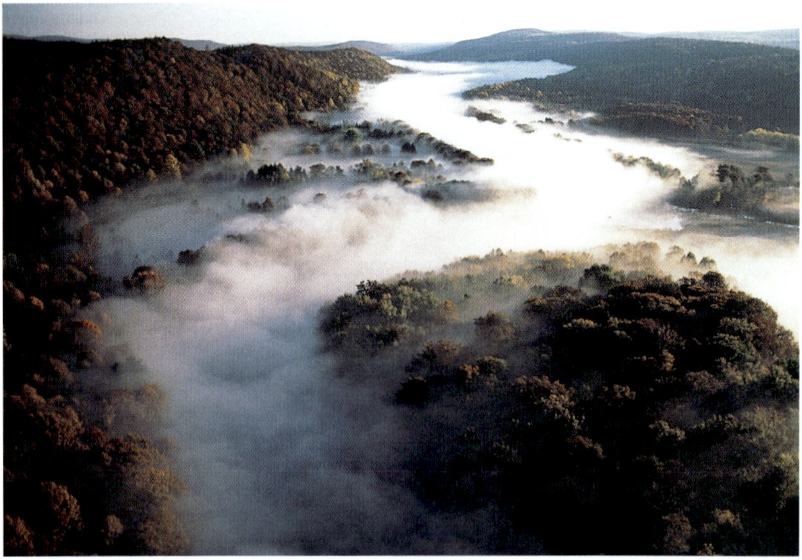

Sam Abell

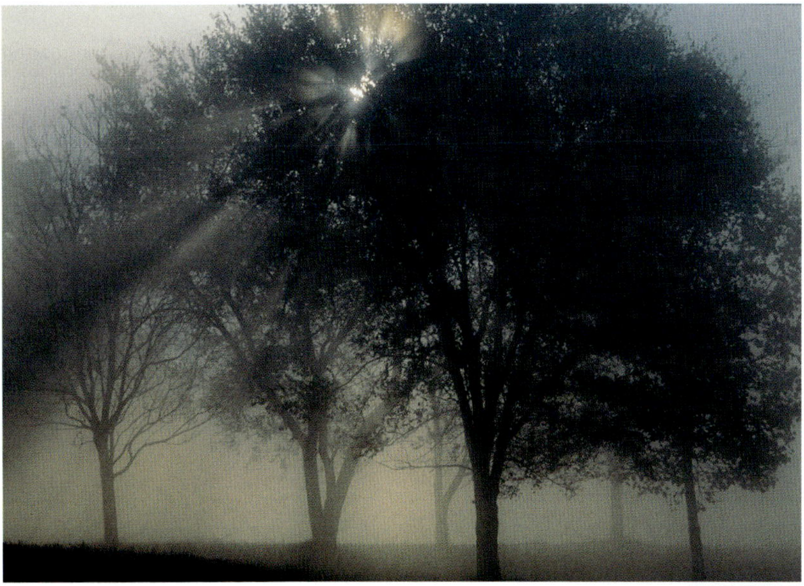

Annie Griffiths Belt

Le brouillard et la brume

Le brouillard et la brume sont deux excellentes raisons de vous lever tôt, car le soleil ne tarde pas à les faire disparaître. Le brouillard qui enveloppe une forêt en altitude ou la brume qui s'élève d'un étang couvert de nénuphars donnent une autre dimension, un sentiment différent à votre photo, et peuvent même créer un peu de mystère. Les autochtones vous renseigneront au besoin.

Tout comme les nuages, le brouillard peut être de densité variable, blanc ou gris, épais ou fin. Soyez très rigoureux en mesurant. Pensez à la valeur tonale du brouillard. S'il semble plus clair qu'un gris neutre, mesurez d'après votre sujet ou une carte gris neutre. Souvenez-vous que vos yeux voient plus de détails que votre film. Si vous tenez aux détails et que le brouillard est épais, rapprochez-vous de votre sujet.

Les photos prises dans le brouillard sont l'un des cas où les objectifs de qualité révèlent toute leur supériorité. Un bon objectif améliore la transmis-

Point pratique

Si vous utilisez un flash, attention à l'épaisseur du brouillard ou de la brume. Si la nuée est peu épaisse, les gouttelettes d'eau réfléchissent la lumière du flash qui n'atteint pas le sujet. Pour rendre des détails sur un sujet assez proche, placez à côté un flash indépendant avec un déclencheur pour pénétrer le brouillard.

sion de la lumière au film et révèle plus de détails. Le bracketing présente aussi un avantage, puisqu'il faut beaucoup d'expérience pour trouver l'exposition équilibrée qui convient aussi bien au brouillard qu'au sujet.

La neige

Point pratique

Si vous photographiez de la neige qui tombe, quel aspect souhaitez-vous lui donner ? Vous pouvez la figer ou produire un effet flou tout comme la pluie. Avec 1/60, vous parviendrez à figer une neige tombant doucement. N'utilisez pas une vitesse d'obturation trop lente qui transformerait la neige en brume épaisse.

Par temps de neige, les photographes sont souvent confrontés à la sous-exposition. Toutes ces masses blanches faussent les posemètres qui n'y voient qu'une demi-teinte de gris. Effectuez votre mesure d'après votre sujet ou, si ce n'est pas possible, servez-vous d'une carte gris neutre ou d'un objet d'une valeur tonale semblable, en vous assurant qu'il est éclairé de la même manière que votre sujet. Ne soyez pas surpris si cette mesure diffère de deux diaphragmes par rapport à celle du posemètre intégré.

Si vous prenez beaucoup de clichés d'un même lieu vous pouvez vous servir de la correction d'exposition dont sont équipés de nombreux appareils photos, afin de ne pas avoir à faire tous ces calculs à chaque fois. Déterminez la différence entre ce qu'a mesuré votre appareil et ce que vous estimez être l'exposition correcte. Si l'écart est égal à un diaphragme, réglez la correction d'exposition sur + 1, et ainsi de suite.

Si votre appareil ne possède pas cette option, vous obtiendrez le même effet en changeant le réglage ISO de votre film ou carte numérique : si vous utilisez un ISO 100, réglez votre appareil sur ISO 50 pour que le posemètre de l'appareil donne deux fois plus de lumière au film. (Quand vous divisez par deux l'indice ISO, vous doublez la quantité de lumière envoyée au film ou à la carte numérique ; quand vous doublez l'indice ISO, vous réduisez de moitié la lumière. Chaque diaphragme laisse pénétrer deux fois plus de lumière que le diaphragme inférieur.)

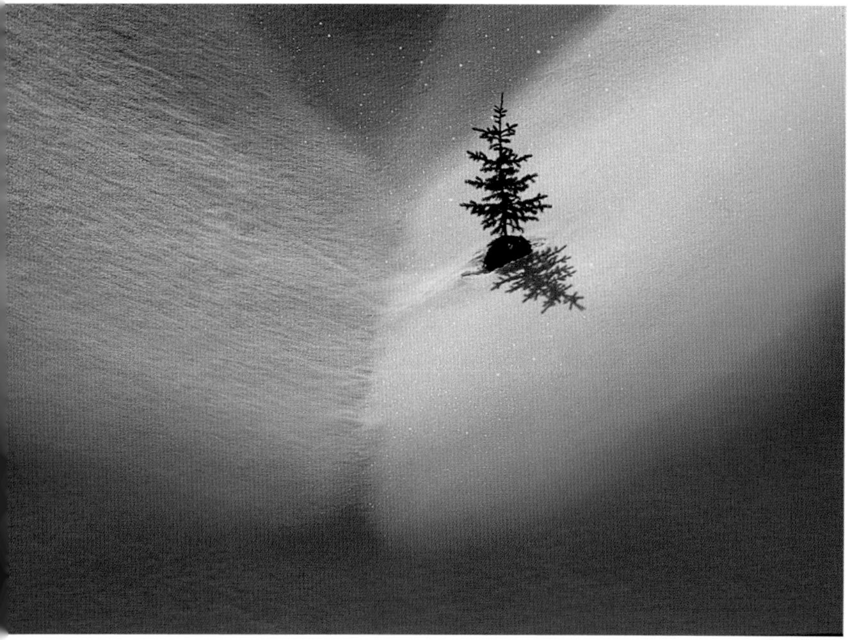

Paul Chesley

Pour photographier un paysage de neige au soleil, vous avez intérêt à réaliser vos images tôt ou tard dans la journée. Les contours des mottes, des crêtes, des diverses irrégularités provoquées par la neige ressortent, car les rayons obliques du soleil projettent une lumière plus chaude. Ne prenez pas de clichés lorsque le soleil tape directement dans votre dos : la lumière réfléchie vers vous par cette masse blanche sera aveuglante et dénuée de détails.

Protégez votre matériel de la neige comme du froid. S'il neige, enveloppez votre appareil dans un sac en plastique. Par très grand froid, tâchez de garder votre appareil plus ou moins au chaud afin que les piles fonctionnent bien et que le film ne devienne pas trop cassant. Si l'amorce du film casse, vous ne pouvez plus l'utiliser. Le mieux est de mettre votre appareil à l'intérieur de votre anorak et de ne le sortir que pour vous en servir. Il ne faut pas non plus

Les scènes de neige posent de réels problèmes de mesure, puisque les posemètres intégrés tendent à sous-exposer tout ce qui est blanc. Soyez vigilant en mesurant, et utilisez une carte gris neutre si possible. Remarquez la position décentrée de l'arbre solitaire, qui rend la composition plus insolite.

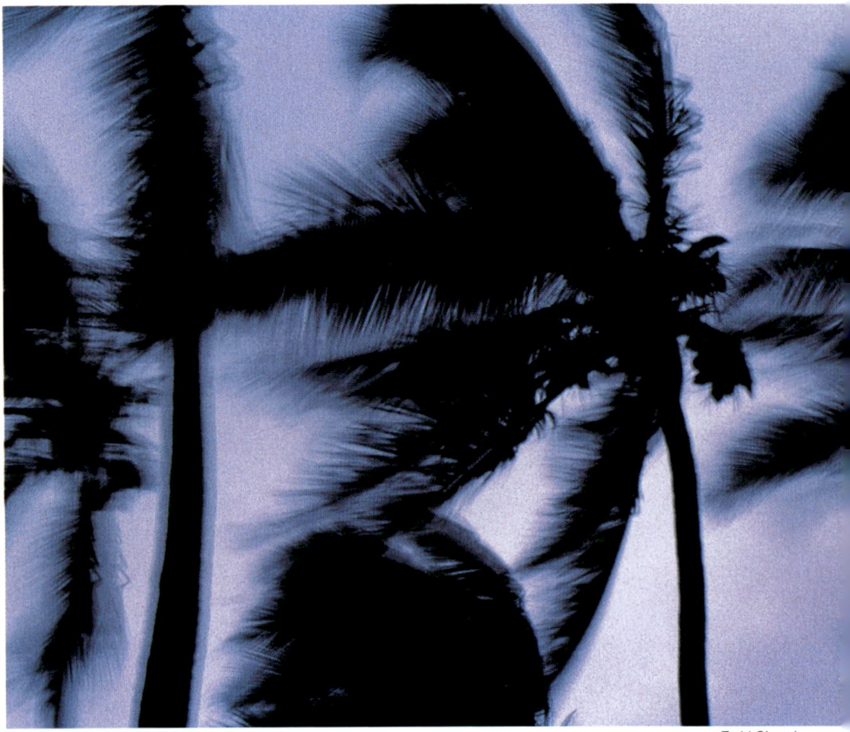

Todd Gipstein

Ces palmiers isolés avec le ciel en arrière-plan forment une image spectaculaire de tempête. Nous sentons la force du vent dans le mouvement des palmes, qui est saisi à une vitesse d'obturation lente.

le maintenir trop au chaud, car cela provoque de la condensation : les gouttelettes gèlent dès que vous brandissez votre appareil.

Comme la peau adhère au métal très froid, recouvrez d'adhésif les parties de l'appareil que vous allez toucher, y compris l'endroit où vous appuyez votre nez contre le boîtier. Pour empêcher la formation de condensation quand vous retournez au chaud, placez votre appareil dans un sac en plastique hermétique pendant que vous êtes dehors, et laissez-le réchauffer avant de l'en retirer.

Si vous voulez que vos images expriment le froid, cherchez des détails qui rendent cette sensation, tels que la glace qui enrobe des branches ou des baies, le vent qui chasse la neige sur un col montagneux, etc.

Les tempêtes

Les photographes raffolent des tempêtes. Les ciels en furie, les vents puissants, la pluie horizontale donnent des photos tout à fait fantastiques. Souvent, un paysage qui ne présente pas un grand intérêt en temps normal peut devenir une photo formidable s'il est couvert d'un beau ciel d'orage, le ciel devenant alors le sujet. Sentez la puissance de l'orage tant que vous êtes dessous, et réfléchissez aux moyens d'exprimer son intensité avec votre appareil.

Cherchez autour de vous des sujets qui montrent vraiment la force de l'orage, puis trouvez un cadrage qui souligne ses effets. Concentrez-vous avant tout sur l'exposition, car c'est ce qui peut le plus influencer la scène : désirez-vous figer les branches des arbres ployées sous le vent ou les voir floues ?

Pensez à l'aspect final de l'image, puis choisissez l'exposition qui vous permettra d'obtenir cet effet : si vous voulez qu'une pluie horizontale cingle le cliché, optez pour une vitesse d'obturation assez lente pour que la pluie se transforme en longues stries. Pour une tornade, une vitesse rapide s'impose pour saisir l'événement.

En général, le ciel est un élément important des photos d'orages, mais faites attention en mesurant. Un ciel très sombre incitera le posemètre intégré à surexposer toute la scène. Si vous photographiez des colonnes de lumière perçant les nuages, n'effectuez pas votre mesure d'après eux, sinon le posemètre sous-exposera. Pour mesurer, cherchez toujours quelque chose d'une valeur neutre ou servez-vous d'une carte gris neutre.

Les éclairs

Si votre paysage se hérisse d'éclairs, vous aurez besoin de patience mais aussi de chance, puisque vous ne pouvez pas savoir où ils tomberont. Évitez

Point pratique

Si le film se rompt à cause du froid, vous pouvez transformer votre anorak en chambre noire de fortune pour l'enlever et le mettre en sûreté. Des sacs pour effectuer cette opération sont aussi vendus dans le commerce.

PAGES SUIVANTES : Figé ou flou ? Ici, la photographe a choisi une vitesse d'obturation assez lente pour décrire la violence du mouvement des arbres et de l'eau, mais assez rapide pour éviter un flou complet. La plage au premier plan renforce l'information et la sensation.

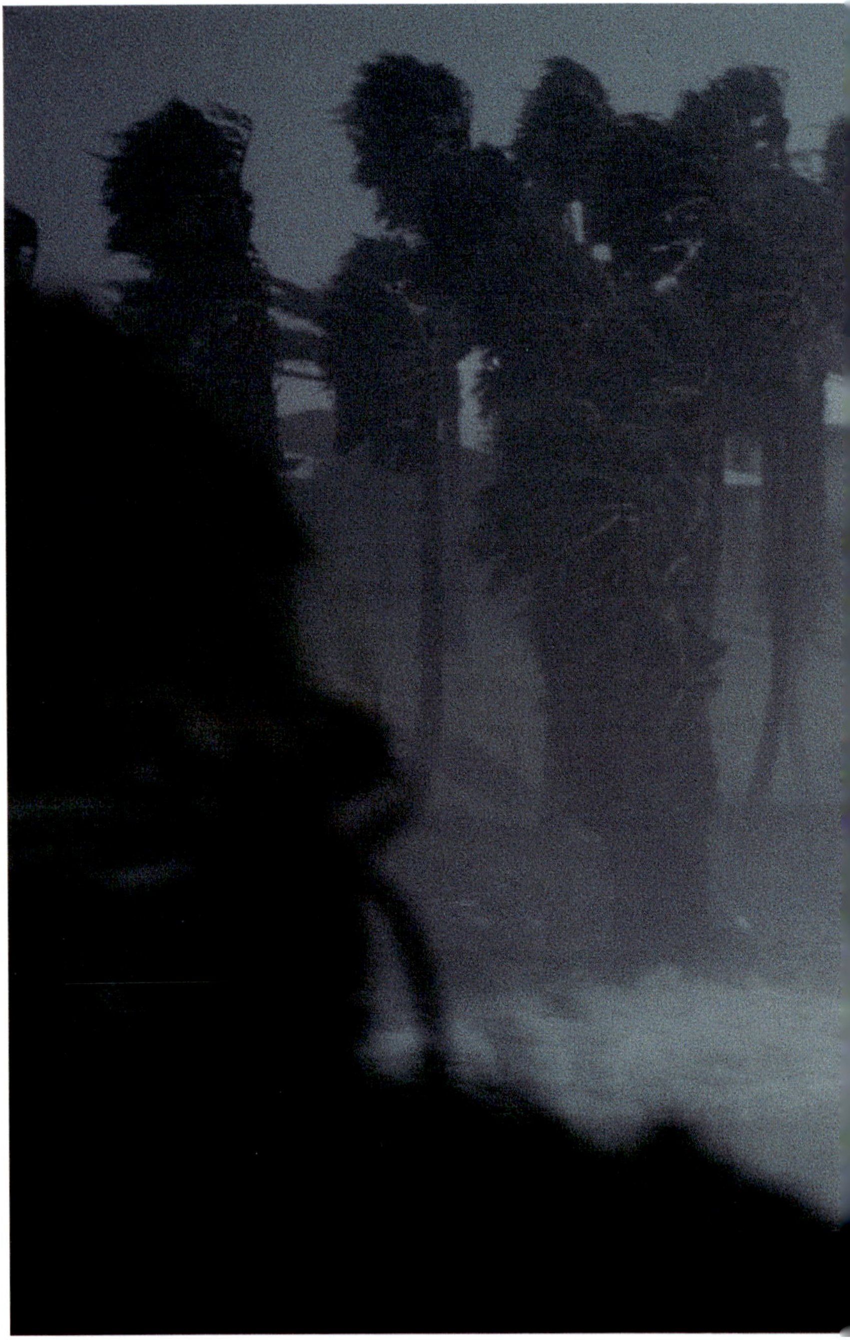

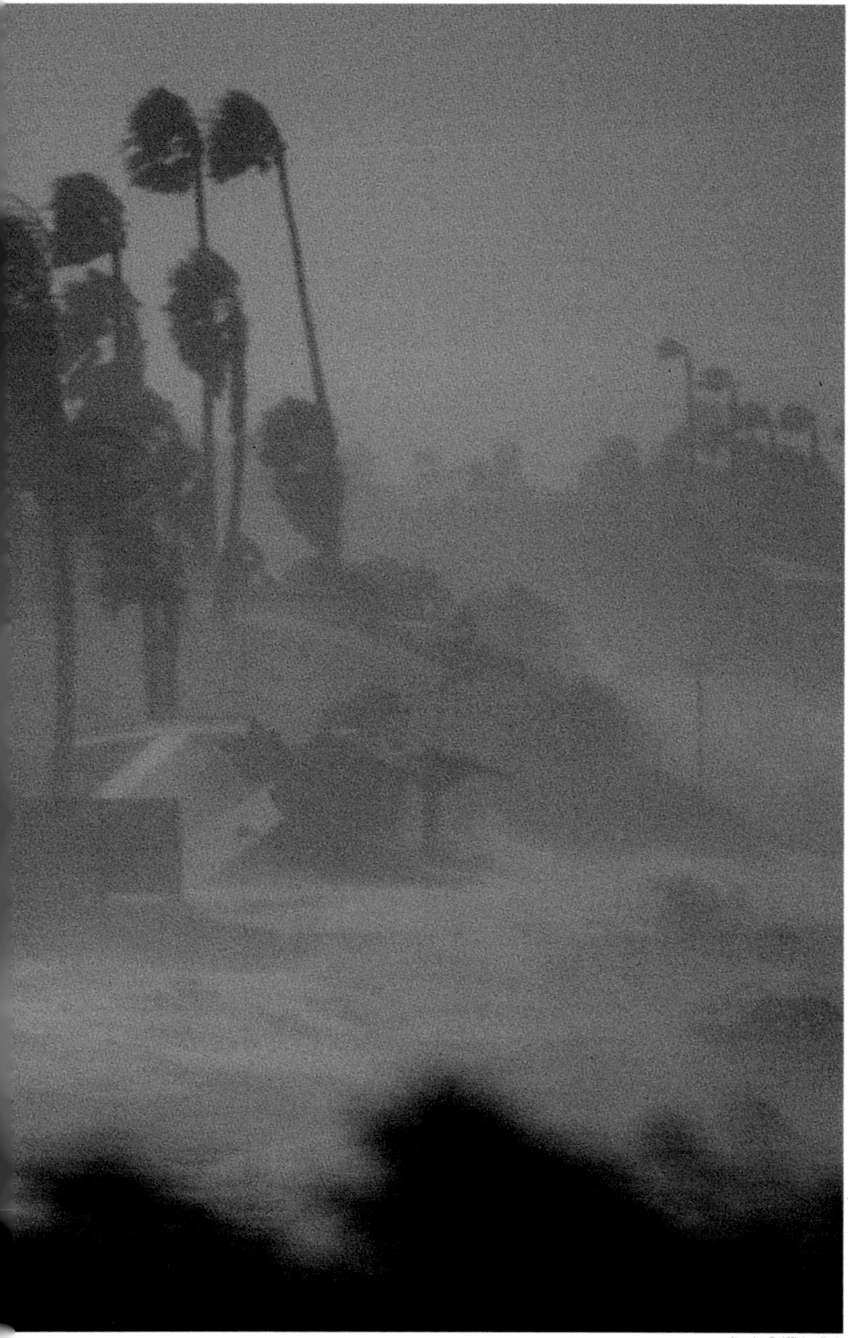

Annie Griffiths Belt

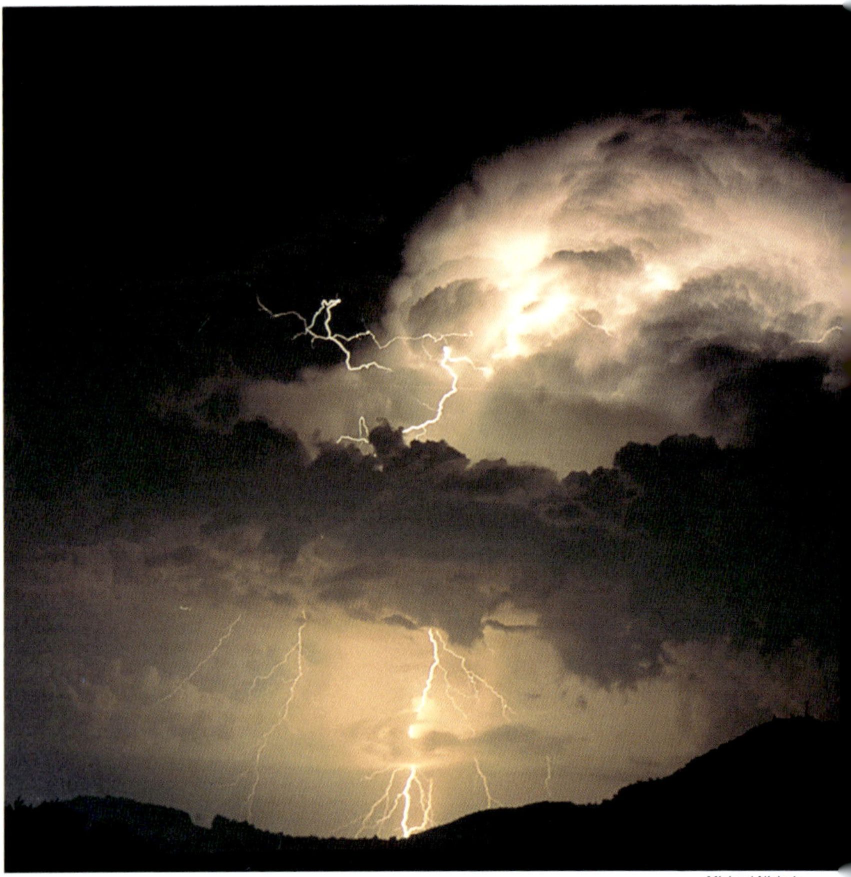

Michael Nichols

Pour photographier un éclair, laissez l'obturateur ouvert assez longtemps pour que les éclairs impressionnent le film. Comme vous ne savez jamais ce que vous allez obtenir, effectuez plusieurs expositions à différentes vitesses d'obturation.

tout de même que ce soit sur vous. Ne vous abritez pas sous un arbre, restez à l'écart des barrières et des tuyauteries métalliques et demeurez proche du sol.

Si vous photographiez des éclairs la nuit, fixez votre appareil sur un trépied, réglez la vitesse d'obturation sur une pose longue et choisissez un objectif qui englobe une scène assez vaste afin d'améliorer vos chances. Sélectionnez un diaphragme de 5,6 pour un film lent (ISO 50) ou de 8 ou 11 pour un ISO 100 ou 200 (reportez au tableau, p. 103, qui indique les expositions en cas de faible éclairage.)

Dirigez l'appareil vers la partie du ciel où se forment les éclairs, réglez la distance sur l'infini et laissez l'obturateur ouvert le temps de photographier plusieurs éclairs. Si la soirée n'est pas très avancée et qu'il reste un peu de lumière dans le ciel ou si vous êtes près d'une ville, limitez l'exposition entre 5 et 20 secondes à cause de la lumière ambiante.

Photographier un paysage avec des éclairs dans la journée est encore plus difficile que pendant la nuit, car vous ne pouvez pas laisser l'obturateur ouvert aussi longtemps que la nuit. Afin de mettre toutes les chances de votre côté, calculez l'exposition pour la plus petite ouverture (f/22 en général), fixez l'appareil sur un trépied et espérez…

De nuit comme jour, faites plusieurs expositions.

Expositions conseillées pour photographier des éclairs avec un faible éclairage ambiant

Il est délicat de réaliser des photos d'éclairs avec un faible éclairage. Vous trouverez ci-dessous quelques conseils de réglage, mais prenez-les uniquement comme des points de départ. Le meilleur moyen d'apprendre, c'est d'effectuer plusieurs expositions et de noter les résultats. Après le tirage, repérez ce qui convient dans telle ou telle situation, en analysant les photos et leur réglage. Quand vous photographiez des éclairs avec peu ou pas de lumière ambiante, laissez l'obturateur ouvert jusqu'à ce que vous ayez vu un ou plusieurs éclairs. Si vous vous servez d'un appareil numérique, reportez-vous au manuel d'instruction qui doit indiquer la manière de procéder lorsque l'éclairage est faible.

Situations	ISO 50-100	ISO 125-200	ISO 250-400
Paysage éclairé par la pleine lune	4 minutes f/4	2 minutes f/4	1 minute f/4
Sable ou neige éclairé(e) par la pleine lune	2 minutes f/4	1 minute f/4	30 secondes f/4
Éclair avec peu ou pas de lumière ambiante	obturateur ouvert f/5,6	obturateur ouvert f/8	obturateur ouvert f/11
Éclair avec lumière ambiante	5-20 secondes f/5.6	5-10 secondes f/5.6	5 secondes f/5.6

Le coucher et le lever du soleil

QUAND VOUS PHOTOGRAPHIEZ des levers et des couchers de soleil, faites très attention aux mesures d'exposition. Le soleil forme une boule très lumineuse par temps clair, et vous n'avez que quelques secondes pour l'immortaliser, avant qu'il ne devienne trop brillant pour le film. Les nuages ou la brume ne présentent pas cet inconvénient : ils diffusent la lumière, rehaussent les couleurs du ciel et permettent de photographier le disque solaire plus longtemps. Mais même si le soleil est adouci par des nuages ou de la brume, préférez plutôt les demi-teintes pour vos mesures. Effectuez votre mesure d'après une partie du ciel qui se situe à un angle de 45° par rapport au soleil. Vous avez toujours intérêt à recourir au bracketing pour les levers et couchers de soleil, afin d'être sûr de réussir votre exposition.

Si vous utilisez un grand-angle, le soleil, au moment où il se lève ou se couche, sera un élément assez réduit sur l'image. C'est peut-être l'effet que vous recherchez justement, si le reste de la scène baigne dans une belle lumière et que le ciel se pare de couleurs somptueuses. Si vous préférez un soleil d'une taille plus conséquente, prenez un téléobjectif et repérez un élément dont vous pourrez tirer une silhouette se détachant sur le soleil ou une partie du ciel à côté de lui. Plus l'objectif est long, plus il agrandit le soleil.

Pour discerner quelques détails dans un sujet de premier plan, utilisez un flash d'appoint pour l'illuminer. Réglez-le pour qu'il sous-expose un peu (d'un ou deux tiers de diaphragme), afin d'adoucir le

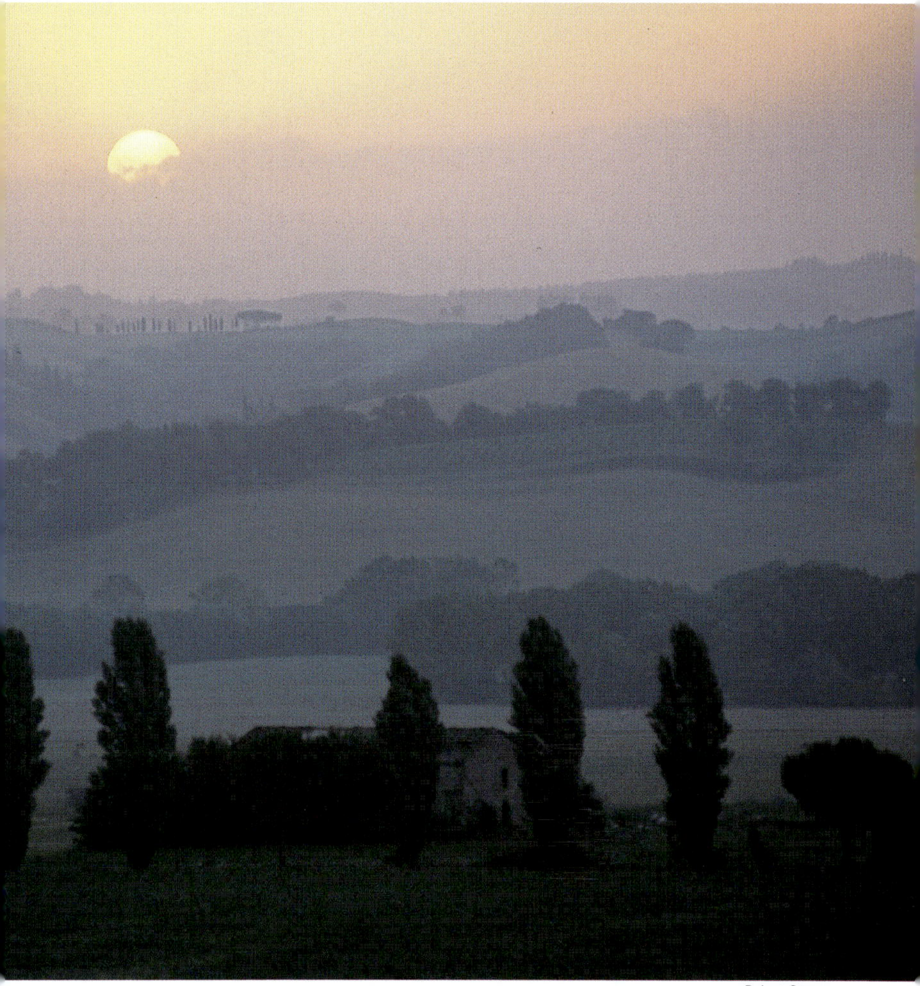

Robert Caputo

contraste. Il ne faudrait pas que la lumière du flash empêche de sentir l'aube ou le crépuscule.

Pensez à la composition et aux moyens d'exprimer ce paysage à travers votre image. Une photo du soleil levant ou couchant tout seul, réalisée avec un téléobjectif, n'est pas si intéressante que ça, puisque vous pouvez la prendre n'importe où. Réfléchissez à des éléments de la scène ou du ciel qui peuvent transmettre une impression du lieu.

La lumière douce qui précède l'aube et suit le coucher de soleil produit des paysages fabuleux. Je suis arrivé sur place avant l'aube, puis j'ai attendu que le soleil apparaisse derrière les nuages.

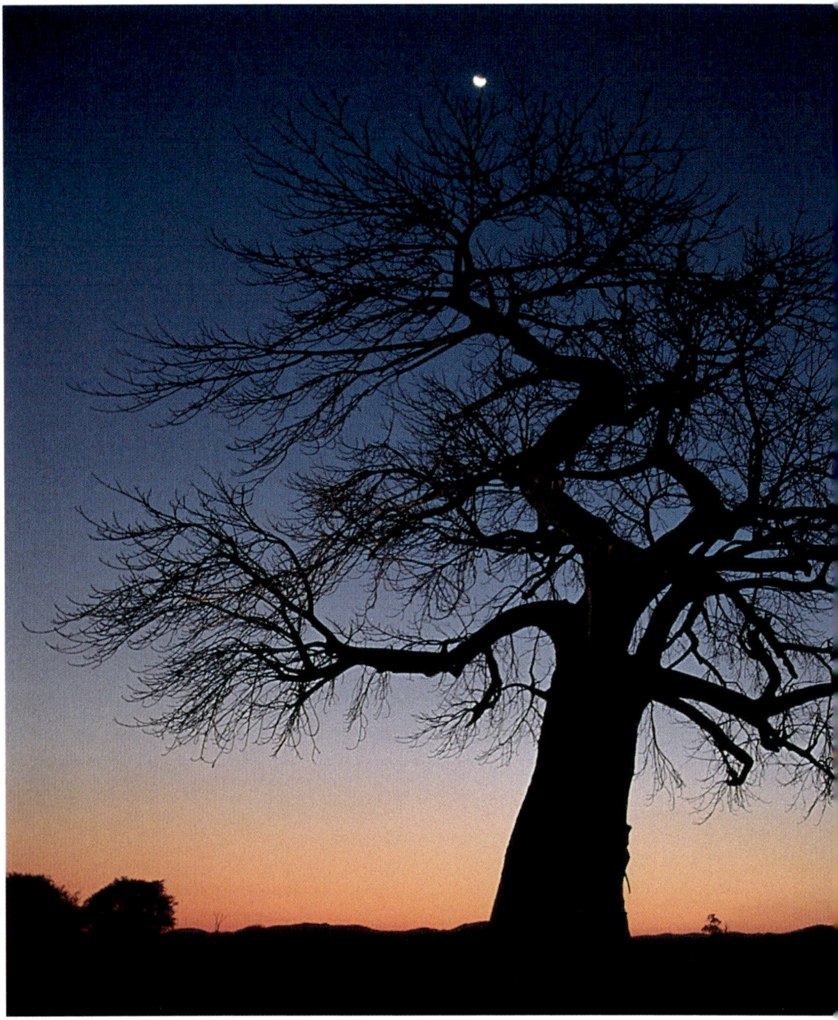

Juste avant l'aube/ Juste après le coucher du soleil

Pour faire des photos de paysages dans la lumière douce et diffuse qui précède l'aube et suit le coucher du soleil, le délai d'attente dépend du temps, de la saison et de la position géographique. Explorez les lieux avant afin de repérer les scènes adéquates : les forêts

Le photographe a saisi la silhouette de ce baobab juste au bon moment, puisqu'il y avait encore assez de couleur juste au-dessus de l'horizon et que le ciel était assez sombre pour faire ressortir la lune. Quand vous trouvez un emplacement qui vous plaît, préparez-vous et attendez que la lumière se modifie. Mais soyez prêt, car elle change vite.

Chris Johns

vert sombre ne ressortent pas bien, au contraire des paysages de sable et de neige. Utilisez un trépied et soignez la mise au point. Puis repérez un ton neutre. Souvent, on traque cet instant d'équilibre entre la lumière du ciel et celle de la terre, or il ne dure pas longtemps.

Trouvez un bouquet d'arbres occupant une crête ou d'intéressantes formations rocheuses que vous pourrez profiler sur le ciel bleu roi qui précède le lever du soleil par temps dégagé ou sur les oranges et les roses d'un jour nuageux après le coucher du soleil. Une fois encore, réfléchissez à la mesure. Comme l'endroit où le soleil va se lever (ou vient de se coucher) sera plus lumineux que le reste du ciel, prenez votre mesure en un point qui s'en écarte de 45°. Pensez aussi à vos silhouettes. Attendez pour les photographier que votre sujet se détache sur le ciel. Parfois, surtout en présence d'eau, la scène peut se composer de zones lumineuses et de coins d'ombre. Mesurez d'après un objet d'un ton neutre et projetez votre silhouette contre l'une de ces zones lumineuses. N'oubliez pas de recourir au bracketing. Ces photos sont délicates à prendre, surtout avec les films inversibles.

Point pratique

Si vous voulez que les traînées des étoiles soient circulaires, pointez l'appareil sur l'étoile du Nord.

Les prises de vue nocturnes

Pour photographier quoi que ce soit (paysage ou autres), un minimum de lumière est nécessaire. Aussi avez-vous intérêt à réaliser vos prises de vue nocturnes quand la lune est pleine ou presque. Ces photos rendent particulièrement bien si la scène comporte au moins quelques parties lumineuses et réfléchissantes, surtout si celles-ci projettent de la lumière derrière des parties plus sombres. Les prises de vue nocturnes exigent de très longues poses : environ 4 minutes pour ISO 50 à 100, 2 minutes pour ISO 125 à 200 et 30 secondes pour ISO 250 à 400. S'il s'agit d'un paysage de neige ou de sable blanc, réduisez de moitié la durée de l'exposition. Une fois encore, effectuez un bracketing. Pour obtenir la même exposition, vous disposez de nombreuses combinaisons – toutes équivalentes – de vitesse d'obturation et de diaphragme. Selon ce principe de « réciprocité » ou « exposition équivalente », une longue exposition dans une faible lumière produit les mêmes résultats qu'une brève exposition dans une lumière vive. Ce concept ne s'applique pas aux longues expositions, de 1 seconde ou plus, à cause de la composition des émulsions des films.

La lune

Si la lune figure sur votre photo, n'exposez pas plus longtemps que 1/4 de seconde. Elle deviendrait une masse blanche oblongue, cette distorsion étant d'autant plus prononcée que votre objectif est long. Le meilleur moment pour la prendre en photo, c'est quand elle se lève au coucher du soleil : il y a beaucoup de lumière ambiante au sol, et la lune, au-dessus de l'horizon, semble plus grande. Pour cadrer, évitez le grand-angle, sinon la lune ne sera qu'un petit point blanc.

Si vous photographiez la lune elle-même, prenez un téléobjectif ou un télescope, sur lequel vous pouvez souvent monter un appareil photo. Vous pouvez aussi photographier des silhouettes se détachant sur la lune. Faites attention à l'exposition : les posemètres intégrés ont tendance à sous-exposer la lune quand elle brille. Ouvrez l'obturateur et effectuez un bracketing. En général, pour avoir une bonne exposition, vous pouvez appliquer la règle de l'ouverture à f/16, c'est-à-dire f/16 et la vitesse d'obturation la plus proche de l'indice ISO du film.

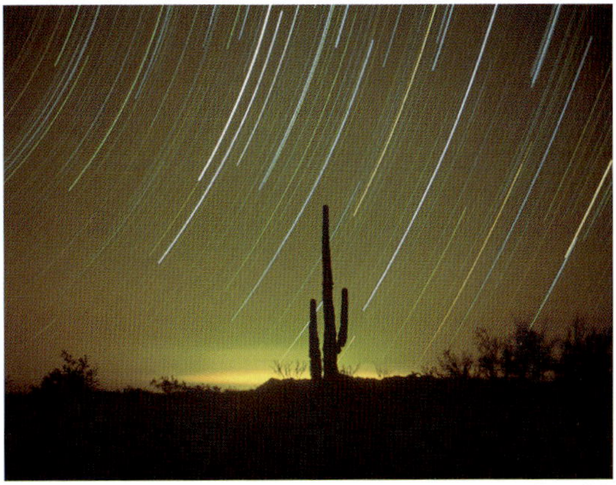

Bruce Dale

Les traînées d'étoiles exigent des expositions longues, de 15 minutes ou plus selon la longueur souhaitée pour les traînées. La silhouette du cactus qui se dresse sur ce fond de ciel étoilé évoque bien le désert la nuit.

Les étoiles

Pour photographier les traînées d'étoiles dans le ciel, il faut des expositions de 15 minutes à plusieurs heures selon la longueur souhaitée pour les traînées. Prenez un film sensible, ouvrez complètement le diaphragme et réglez la distance sur l'infini. Pour bien réussir ces photos, choisissez une nuit sans lune et un endroit éloigné des villes. Dénichez un arbre ou un autre élément qui se détache sur le ciel éclairé par les étoiles. Expérimentez un peu, car les résultats peuvent être magnifiques.

Soyez toujours à l'affût des détails révélateurs ; ils peuvent nous en dire autant sur un endroit qu'une vue d'ensemble. Ce gros plan de tronc d'arbre nous en fait sentir la texture. En incluant le nœud en haut, le photographe suggère que l'arbre nous renvoie notre regard.

Point pratique

Pour les expositions longues, servez-vous d'un déclencheur à distance afin que l'appareil reste immobile.
Si vous n'en avez pas, utilisez le déclencheur à retardement de votre appareil.
Et soyez attentif à la moindre brise qui pourrait faire bouger votre sujet.

Le détail révélateur

Quand vous êtes en repérage, soyez toujours à l'affût de tous les détails qui révèlent un aspect de votre paysage. Un détail isolé peut souvent en dire autant, voire plus, sur un endroit qu'une vue d'ensemble. De plus, les détails ajoutent presque toujours une note personnelle et intime. Ils réduisent une scène à ce qui constitue son essence, un peu comme si vous écriviez un haïku au lieu d'un long récit.

N'importe quel élément peut devenir ce détail : l'érosion d'un rocher sous l'effet de l'eau ou du vent, les lignes de compression sur le flanc d'une falaise, l'écorce qui se détache de l'arbre, les empreintes d'un cervidé dans la mousse. Ouvrez l'œil. Asseyez-vous sur un rocher ou un tronc et observez toutes les petites choses qui vous entourent. Pensez au caractère de la scène et à ce qui la révélerait le mieux. Puis partez à la recherche de ces petits détails.

Le traitement des éléments clés

Une fois que vous avez réfléchi aux détails révélateurs dont vous avez besoin pour réaliser votre cliché, et que vous les avez trouvés, pensez à la lumière et à l'exposition. À quelle heure seront-ils le mieux éclairés ? Est-ce la forme ou la texture qui est si intéressante ? Si c'est la forme, vous pouvez la traiter en silhouette plus ou moins sombre se détachant sur le ciel ou un autre fond. Si vous souhaitez rendre la texture ou la couleur, il faut que l'objet soit éclairé

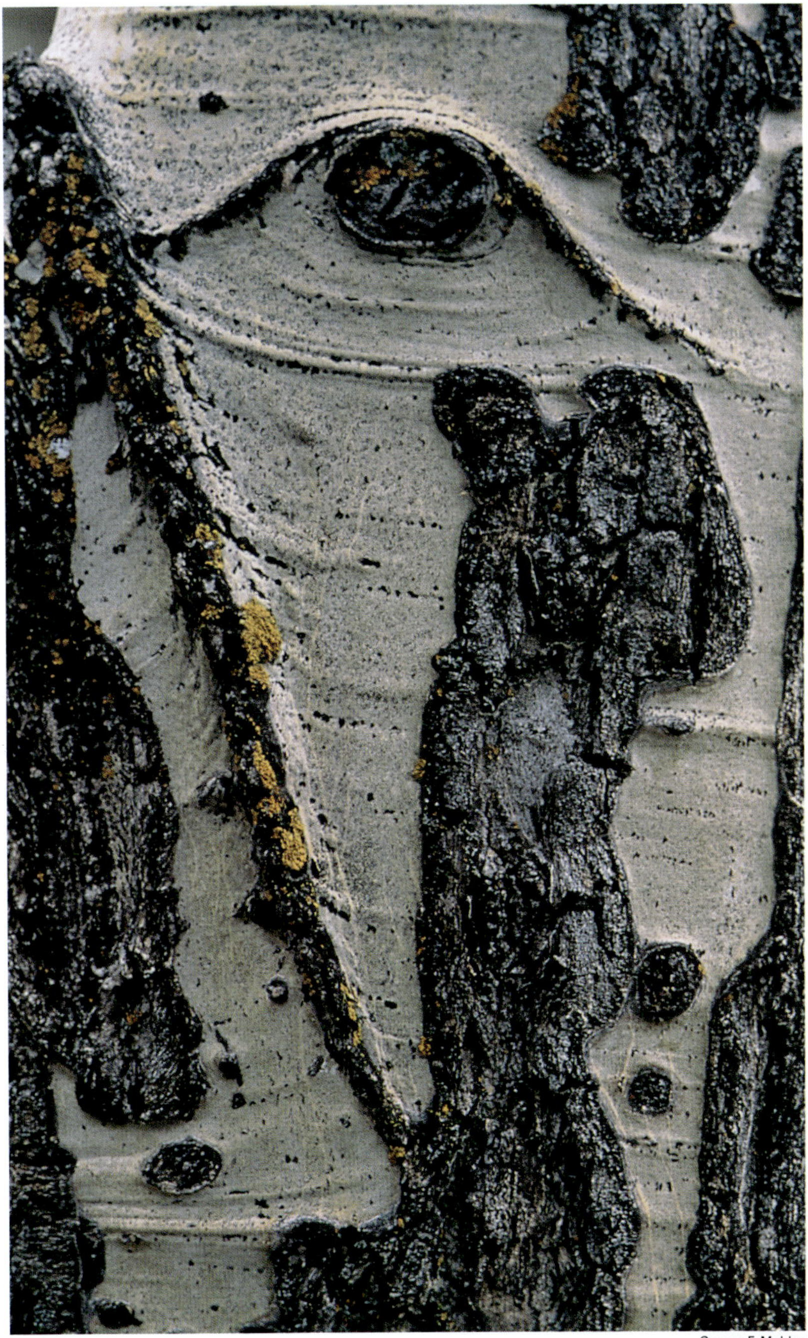

George F. Mobley

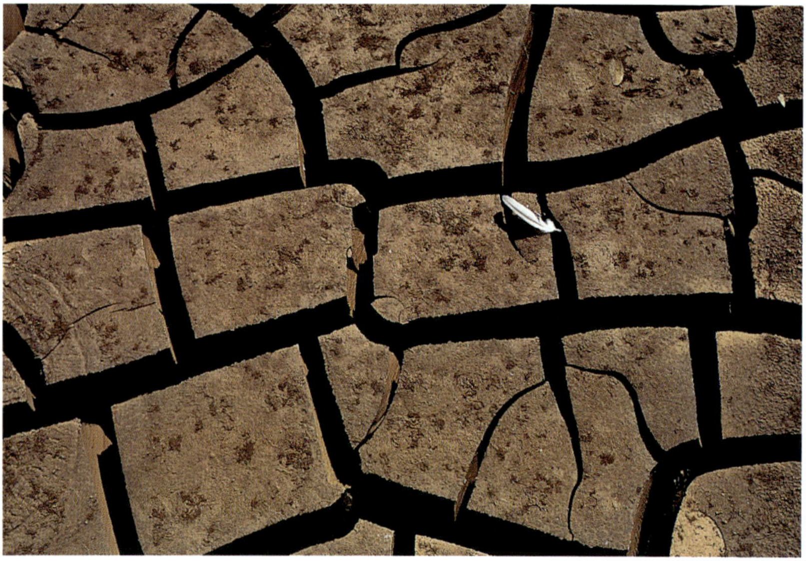

Medford Taylor

Les photographies de détail révèlent l'intimité d'un lieu. Pensez au caractère de la nature que vous photographiez, puis cherchez des détails pertinents comme la terre craquelée ci-dessus. Sur ces deux photos, les photographes ont utilisé des formes et des textures pour réaliser des images graphiques dont les compositions bénéficient de la règle des tiers.

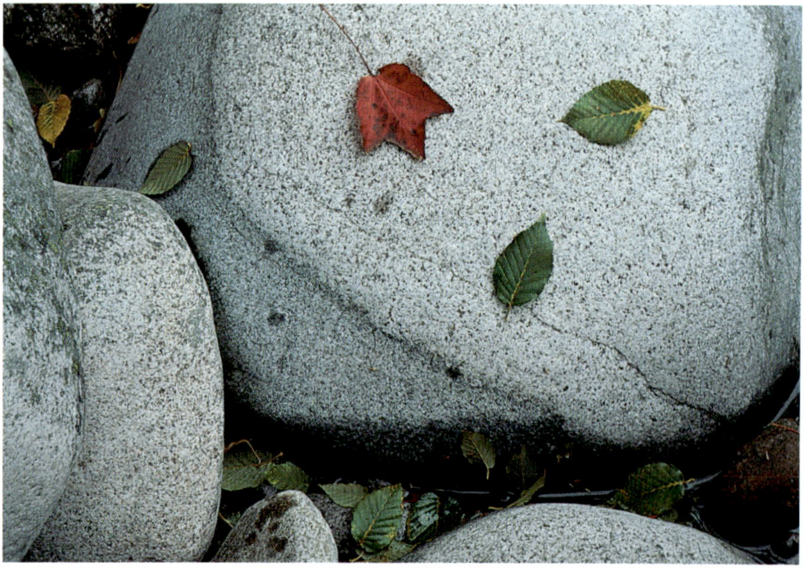

Raymond Gehman

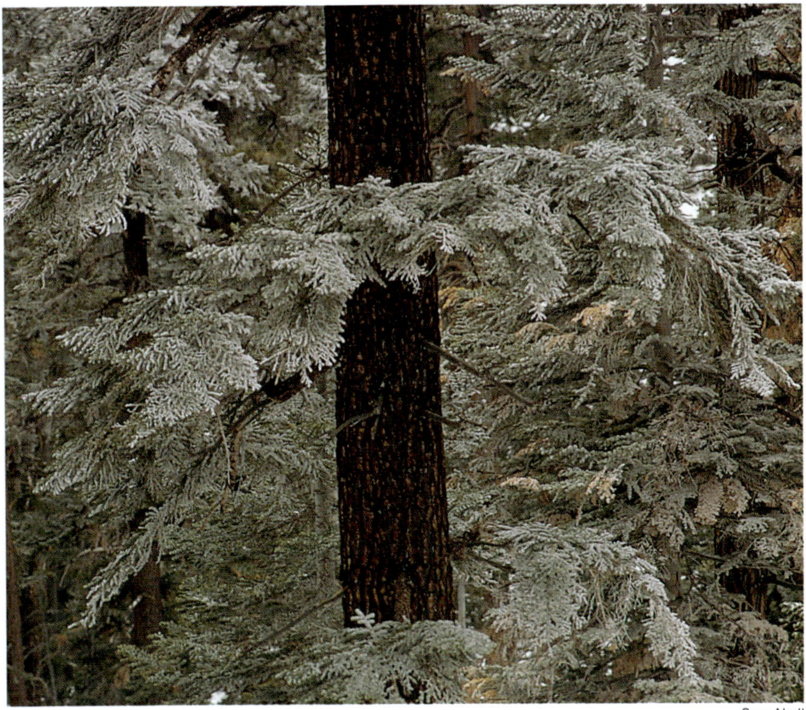
Sam Abell

de manière à mettre ces qualités en valeur : une lumière rase et chaude pour les contours de la texture, peut-être une lumière douce et diffuse pour la saturation des couleurs. Vous voulez peut-être également ajouter de la lumière avec un réflecteur ou un flash. Quant à la profondeur de champ, elle doit être suffisante pour montrer les détails, mais pas excessive au point qu'ils se perdent dans l'arrière-plan. En fonction de la distance et de l'objectif que vous utilisez, il vous faudra sans doute une exposition assez longue et un trépied.

Si vous vous intéressez plus particulièrement aux petits détails, vous pouvez choisir un objectif macro. Cet appareil amplifie énormément le moindre mouvement, alors soyez vigilant. Le plus souvent, vous pouvez très bien photographier les tout petits sujets avec un téléobjectif normal ou court.

Les détails ne doivent pas être forcément de très gros plans. Cette vue resserrée d'un tronc et de branches traduit admirablement le caractère de la forêt en hiver.

PAGES SUIVANTES :
Le reflet immobile de la falaise en surplomb fait toute la qualité graphique de cette image de flaque d'eau prise dans les rochers. Dans la nature, regardez partout.

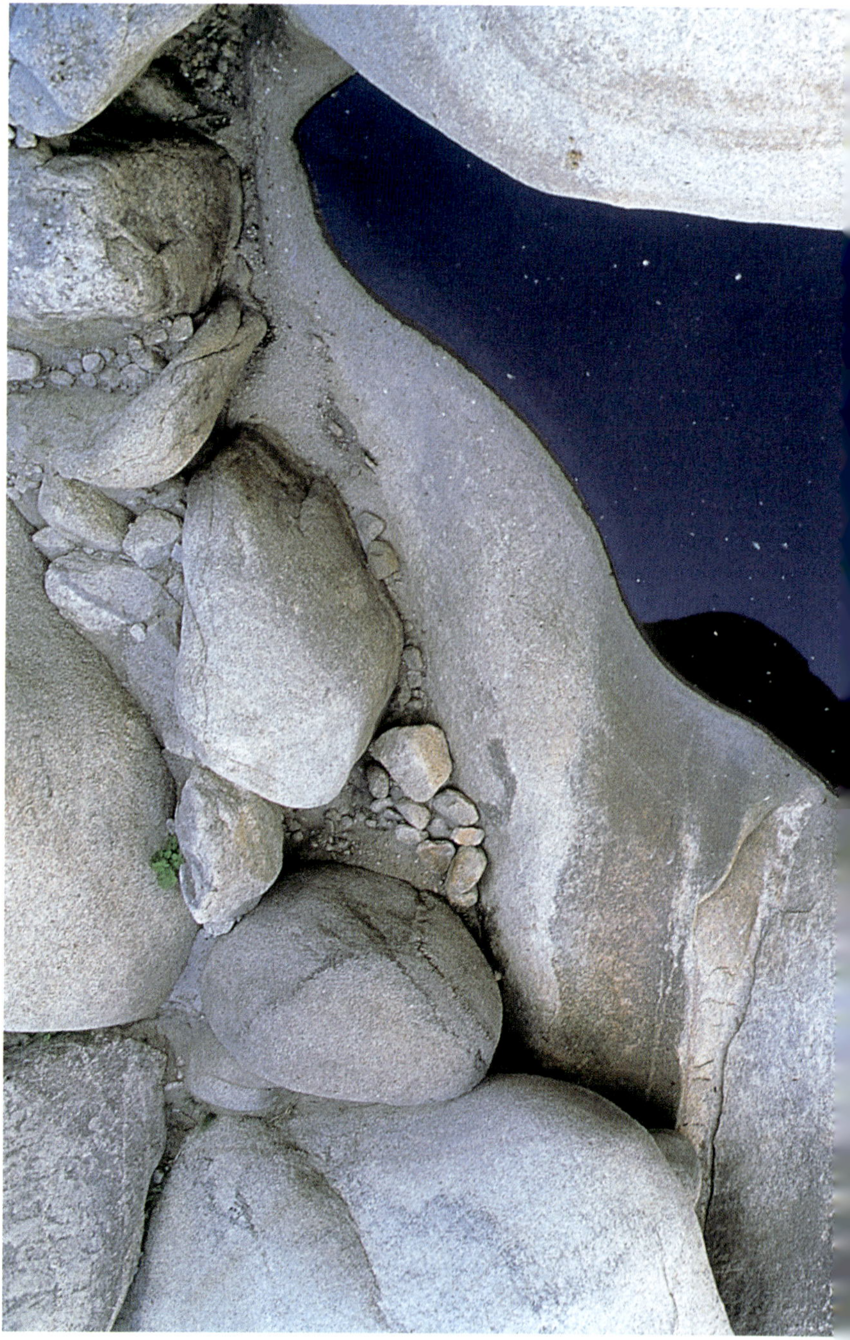

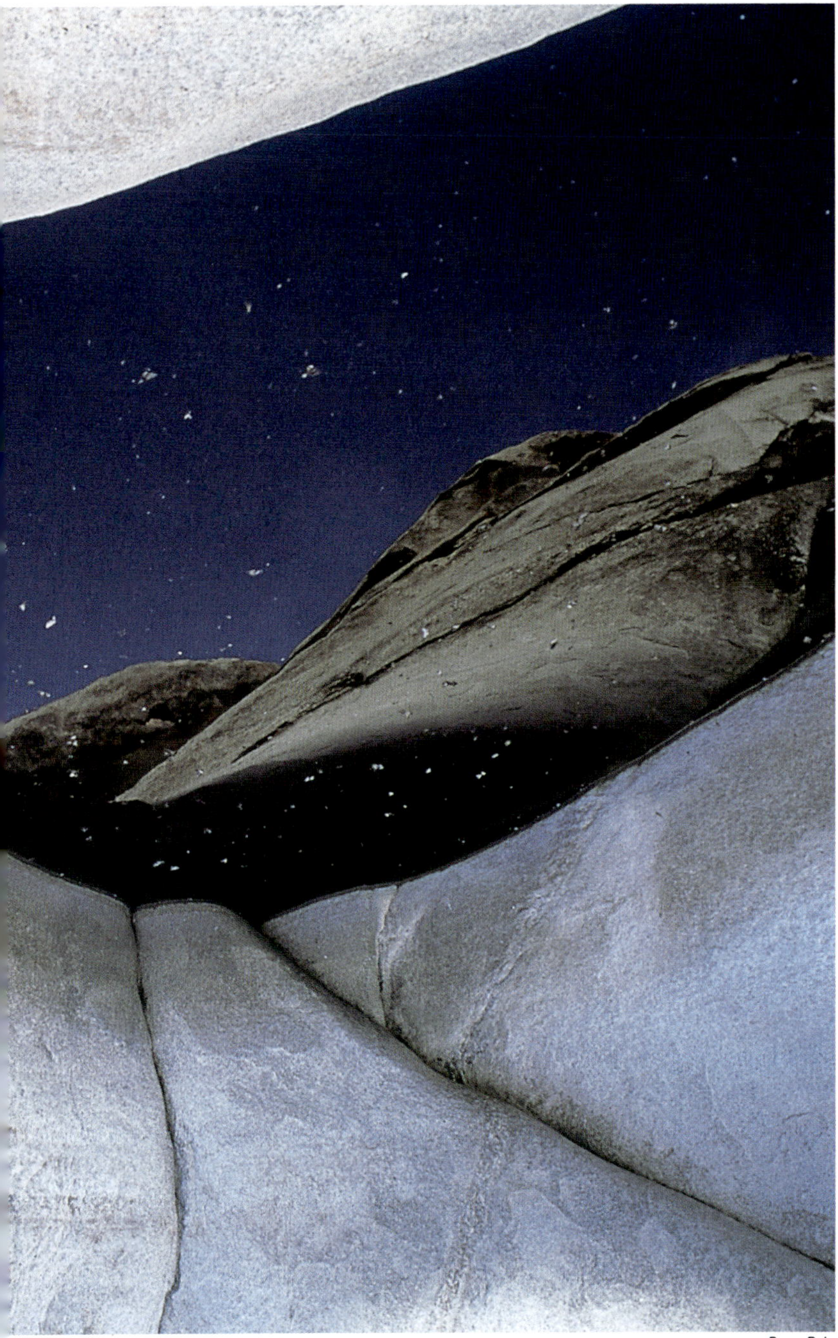

Bruce Dale

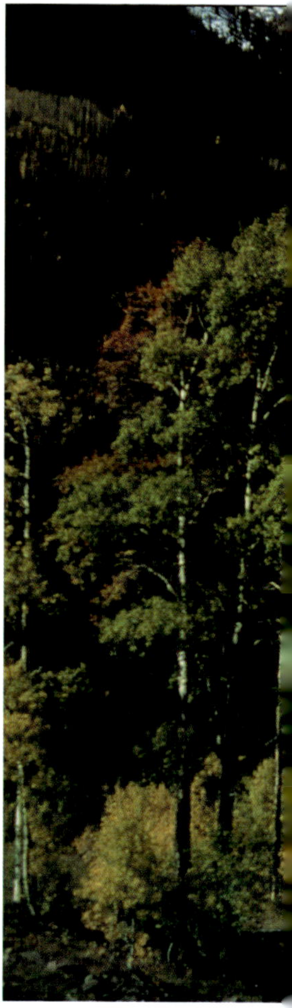

Motifs et blocs de formes et de couleurs

La nature propose toutes sortes de motifs et de formes qui peuvent aboutir à des images remarquables, si vous les utilisez dans votre composition ou même comme sujet principal. Tout comme avec les détails, soyez toujours à l'affût de ceux-ci quand vous explorez un lieu ou que vous vous promenez.

La répétition est sans doute le motif le plus facilement repérable (et photographié) dans la nature, comme les troncs d'arbre, les crêtes d'une dune sculptées par le vent. Réfléchissez aux moyens de mettre en valeur cette répétition ; il suffit souvent de reculer un peu et de se servir d'un objectif long pour comprimer les éléments répétitifs. Mais ce n'est pas la seule approche : un objectif grand-angle et un point de vue bas peuvent aussi se révéler très efficaces. Si vous photographiez la crête d'une dune, allongez-vous avec un grand-angle pour faire croire que la crête recule devant l'appareil.

Regardez à travers différents objectifs et déplacez-vous pour trouver la vue qui vous semble la plus intéressante. Si vous photographiez près d'une rivière ou d'un lac, cherchez la répétition des arbres ou des montagnes qui se reflètent dans l'eau.

Ne négligez pas non plus l'élément qui se singularise : un tronc d'arbre d'une couleur différente, un rocher qui dérange la symétrie parfaite de ronds dans l'eau. Ces détails renforcent le motif de par leur différence. Souvenez-vous de la règle des tiers, lorsque vous cadrez ce type d'images ; il est rarement souhaitable que l'élément différent soit au centre de la photo.

Les blocs de formes et de couleurs – arbres jaunes du premier plan, forêt dans l'ombre et montagne blanche – donnent beaucoup d'impact et de profondeur à cette photo. Soyez attentif à tous les motifs.

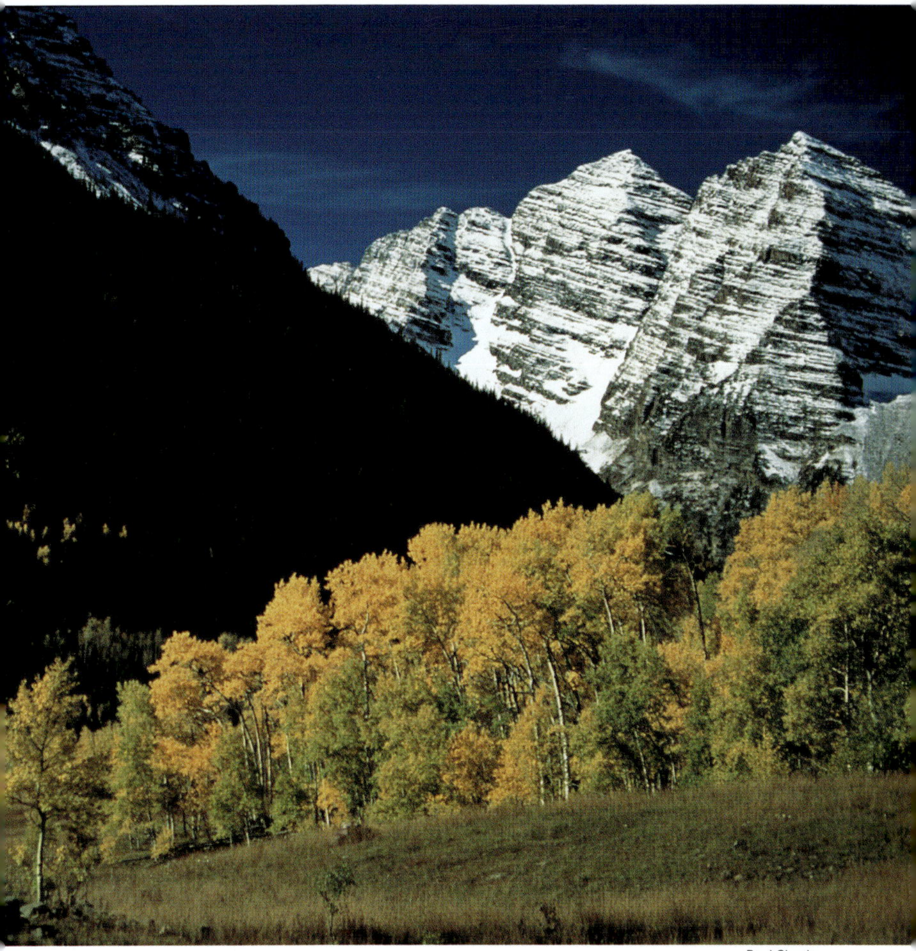

Paul Chesley

Observez bien les détails dans tout ce qui vous entoure, les motifs pouvant être minuscules ou très grands.

Parfois, ils sont moins évidents. Les blocs de couleur, qu'ils soient d'une même nuance ou de différentes nuances d'une même ton, peuvent mettre en valeur une image et lui donner de la profondeur : un buisson rond et vert au premier plan, un gros galet moussu à mi-distance et un chêne feuillu à l'arrière-plan. La répétition des couleurs et des formes est agréable et invite le spectateur à se promener dans le cliché.

Point pratique

En général, nous cherchons les détails. En plissant les yeux, vous apercevrez les blocs de couleurs ou de formes.

Polis par le vent et les intempéries, ces galets couverts de mousse, réunis comme des œufs dans un nid, sont un détail intime du lit d'une rivière.

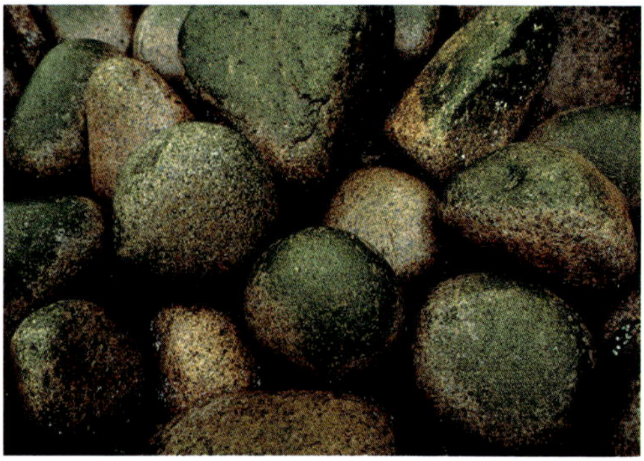

Raymond Gehman

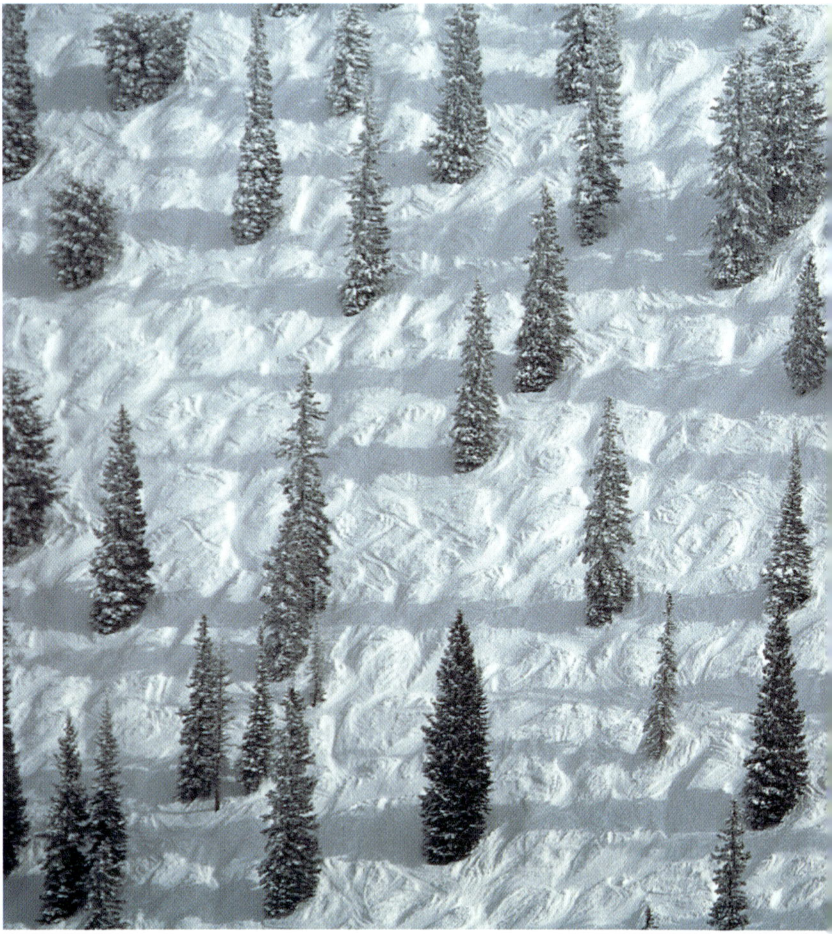

Les lignes

Les lignes, qui nous introduisent dans le cliché, constituent parfois des éléments graphiques. Repérez les lignes que vous pouvez intégrer dans la composition, qu'elles soient subtiles ou évidentes. La limite horizontale entre un bois et un champ peut se retrouver le long de la cime des arbres. Quelle ambiance désirez-vous ? Les lignes horizontales symbolisent la sérénité, les verticales soulignent la puissance, et les diagonales évoquent le dynamisme.

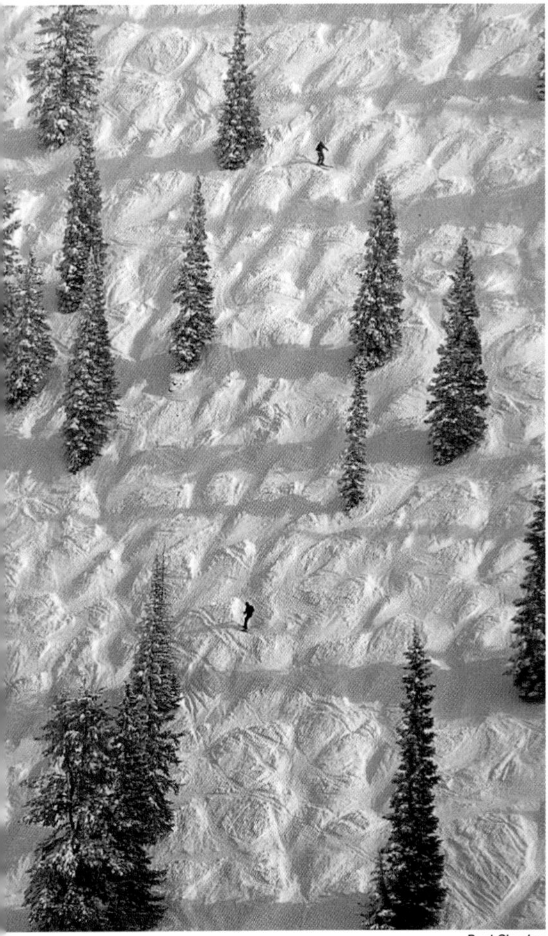

Paul Chesley

Le motif à grande échelle des pins dressés sur la piste de ski crée une image graphique de lignes verticales. Les ondulations de la piste enrichissent le mouvement et la texture de l'image, tandis que les skieurs à droite donnent l'échelle.

PAGES SUIVANTES :
La composition transforme ce qui aurait pu être un paysage assez ordinaire en une image remarquable de formes dynamiques, verticales et horizontales. Remarquez comme le haut de la photo coupe les verticales.

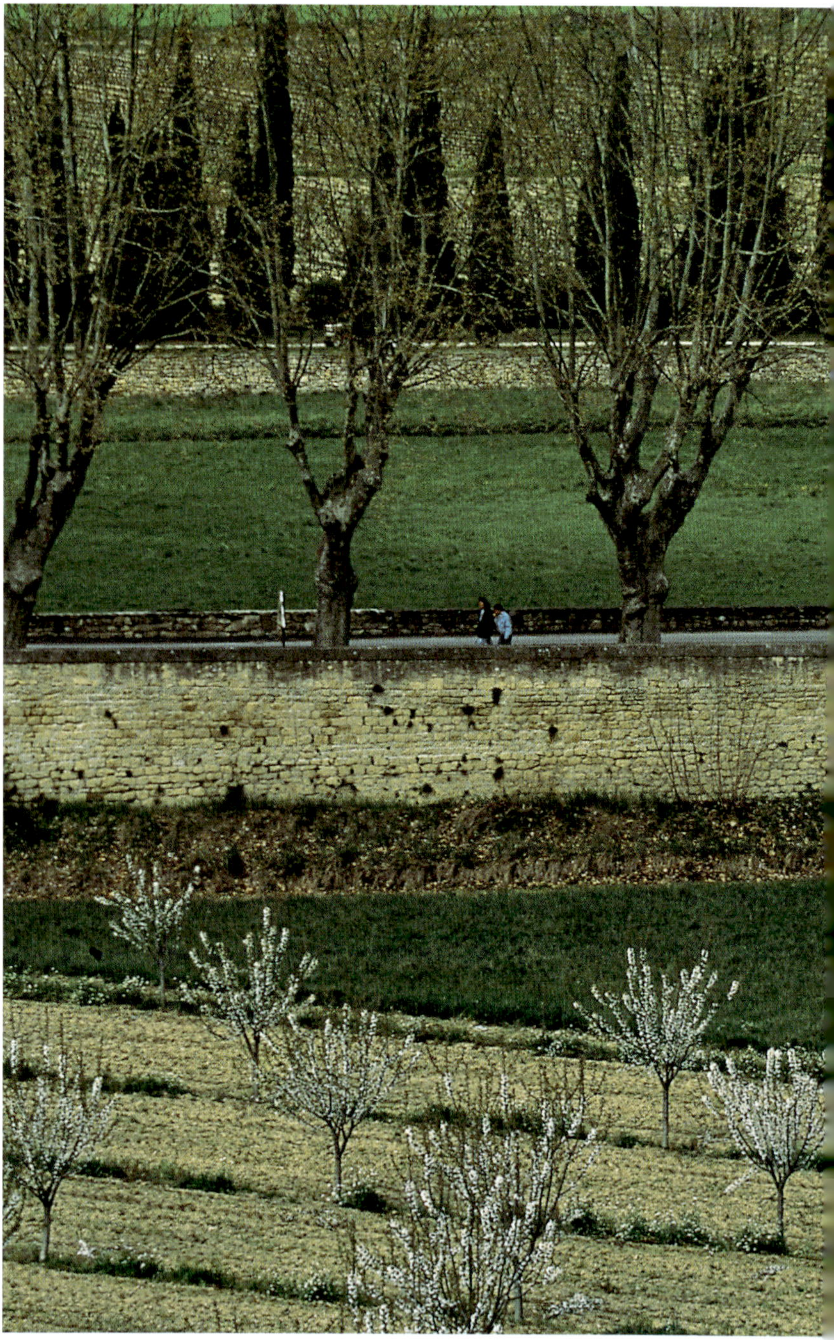

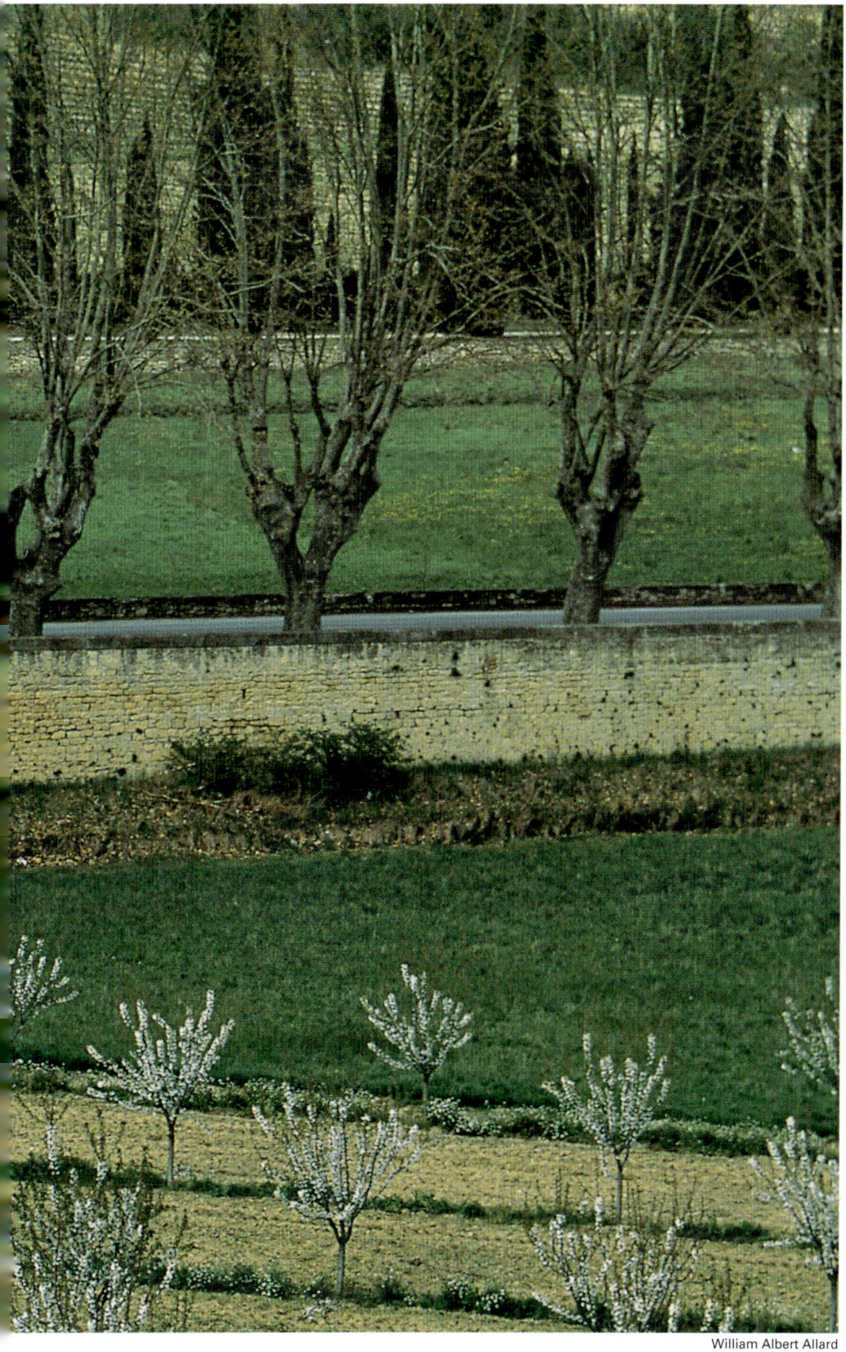

William Albert Allard

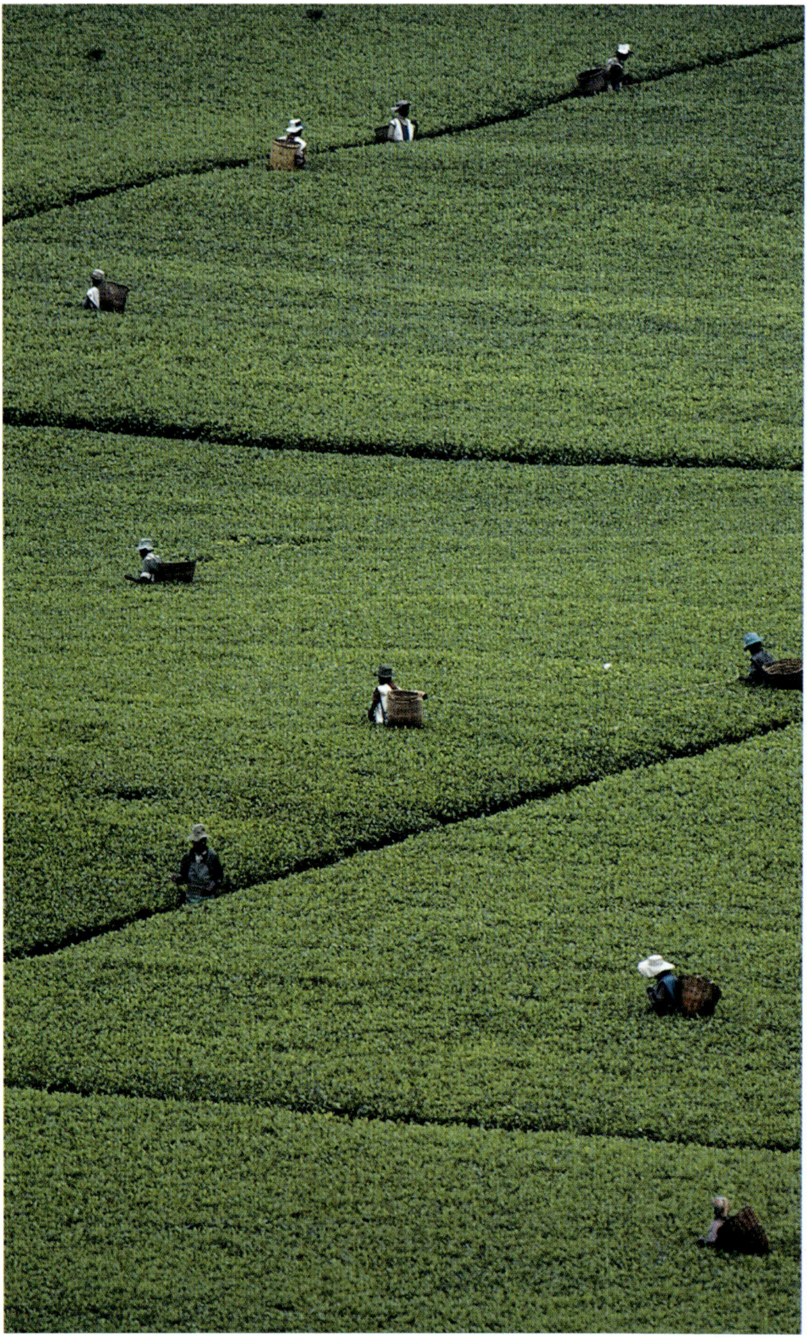

Robert Caputo

Les textures

La texture d'un objet peut révéler bien des choses sur son caractère, y compris la sensation qu'il offre au toucher. Cherchez le moyen de mettre en valeur la texture de tout ce qui figurera sur le cliché : roches, arbres, herbes, etc. Si vous photographiez une prairie, les textures des herbes et des fleurs donneront une idée de son caractère. Servez-vous de la texture pour transmettre vos impressions personnelles sur la scène.

En général, c'est le soleil du matin ou du soir qui souligne le mieux les textures, la lumière rase leur offrant un modelé qui les fait ressortir. L'éclairage à contre-jour fonctionne aussi très bien. Quand vous photographiez de longues herbes, un peu de flou peut donner une grande étendue colorée avec une vitesse d'obturation lente. Utilisez une vitesse plus rapide pour saisir les détails, et méfiez-vous du vent.

Les lignes en zigzag de ce champ de thé (à gauche) conduisent notre regard à l'intérieur du cliché, tout en le divisant en blocs géométriques. Les cueilleurs donnent l'échelle et ajoutent une dimension graphique. Ci-dessous, le gros plan sur les herbes produit une image qui n'est que texture et couleur.

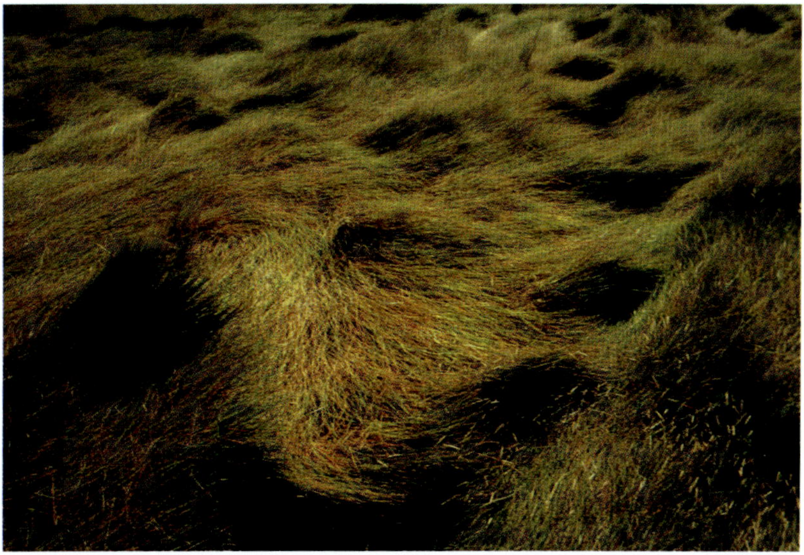

Todd Gipstein

ADRIEL HEISEY
Le regard de l'aigle

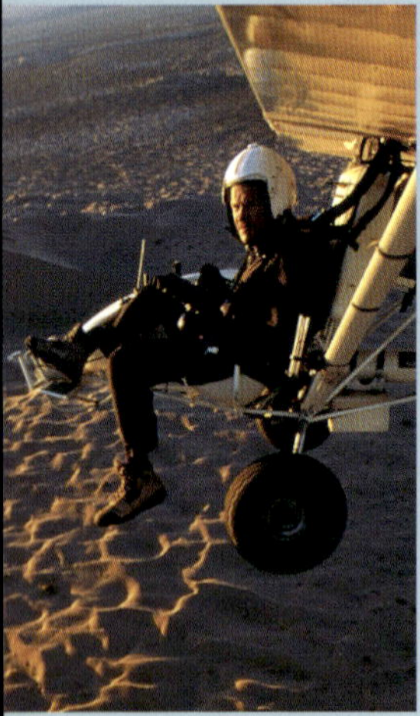

DANS SON ENFANCE, Adriel Heisey était passionné par les peintures et les photos de paysages. La première chose qu'il acheta avec son argent, c'était un appareil photo, pour faire des paysages. Sa passion ne l'a pas quitté, mais jamais il n'aurait imaginé gagner sa vie en faisant ce type de photographies. Il passa sa licence de pilote et trouva un métier près de chez lui, en Pennsylvanie. Un jour, il se rendit dans le Sud-Ouest américain : « J'ai ce pays dans la peau, ces gens, cette géologie. Cela m'a pris quelques années, puis j'ai laissé tomber mon boulot en Pennsylvanie et je me suis installé en Arizona. »

En 1985, il fut engagé comme pilote par l'administration de la tribu des Navajos, et se mit à prendre des photos par la fenêtre, tout en pilotant : « J'ai survolé tous les coins de ce pays fabuleux et je faisais quelques bonnes photos. Mais je voyais beaucoup d'endroits dont je savais que j'aurais pu tirer des images fabuleuses si j'avais pu décider à quel moment y aller et à quelle distance les survoler. C'est à ce moment que j'ai décidé d'essayer de construire mon avion. »

Heisey consacra à son avion la majeure partie de ses économies, et tout son temps libre. Chaque soir, chaque week-end, on le trouvait là, à l'assembler et à le tester avec la plus grande application, s'accordant parfois une pause pour aller voir de plus près

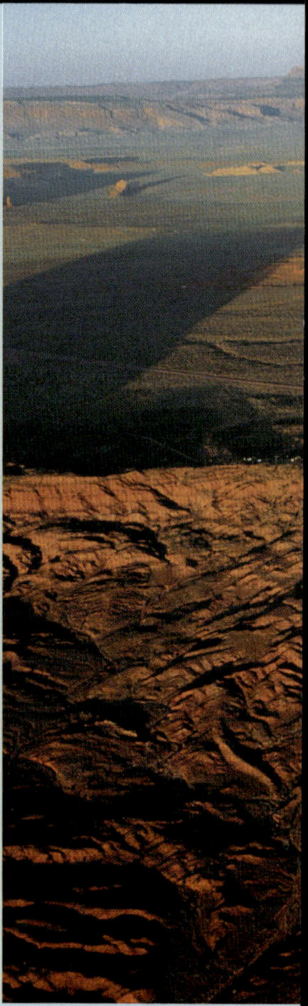

Adriel Heisey (à gauche) s'est construit un avion pour survoler sans entraves son Sud-Ouest américain tant aimé.

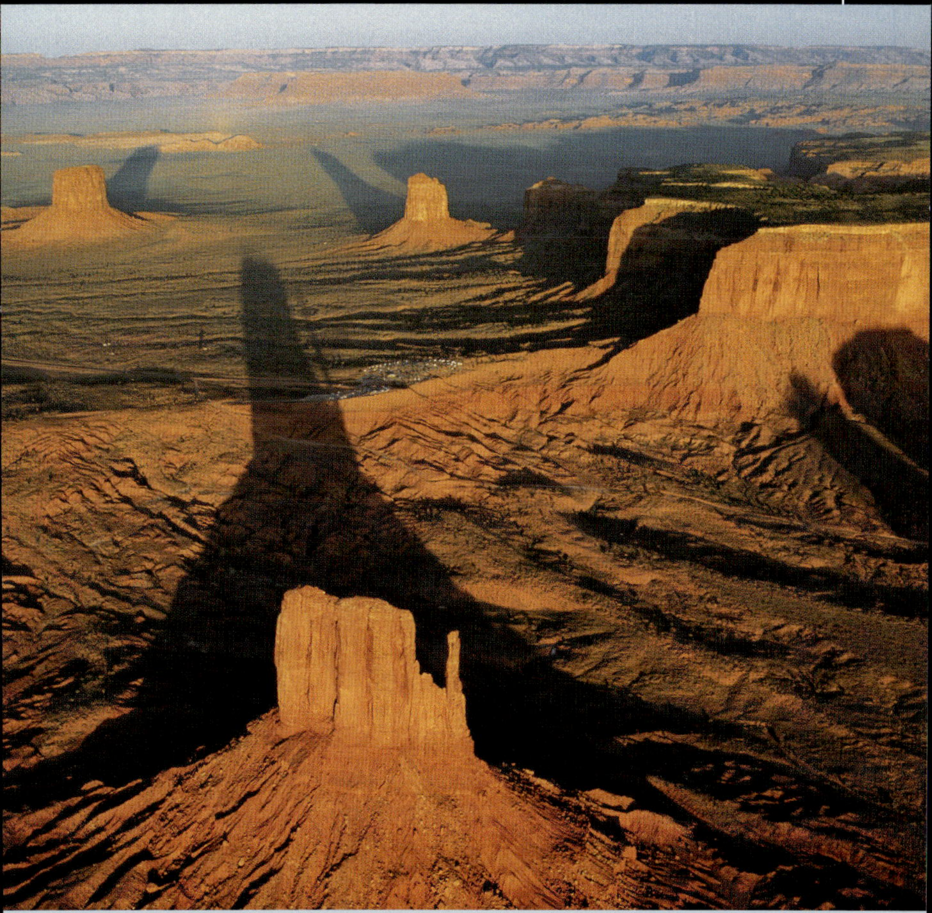

Sur cette photo prise avec un soleil très bas, Heisey a saisi les ombres fantastiques, extrêmement allongées, des mesas. Ces ombres servent aussi à nous guider dans le cliché.

les endroits qu'il avait remarqués en volant. La construction lui prit un an et demi, mais « c'était le meilleur moyen d'apprendre. J'avais un emploi stable qui finançait l'avion et la pellicule, et j'avais l'occasion d'étudier le pays tous les jours. Je n'espérais pas gagner ma vie en faisant des photos. Je faisais simplement ce que j'aimais. »

Les enfants navajos, qui furent son premier public, réagirent si bien que Heisey se vit renforcé dans sa conviction : « Ils étaient tellement heureux de voir cette perspective différente d'endroits qu'ils connaissaient parfaitement bien qu'ils m'ont communiqué leur joie. Cela m'a incité à essayer de faire des photos encore meilleures. »

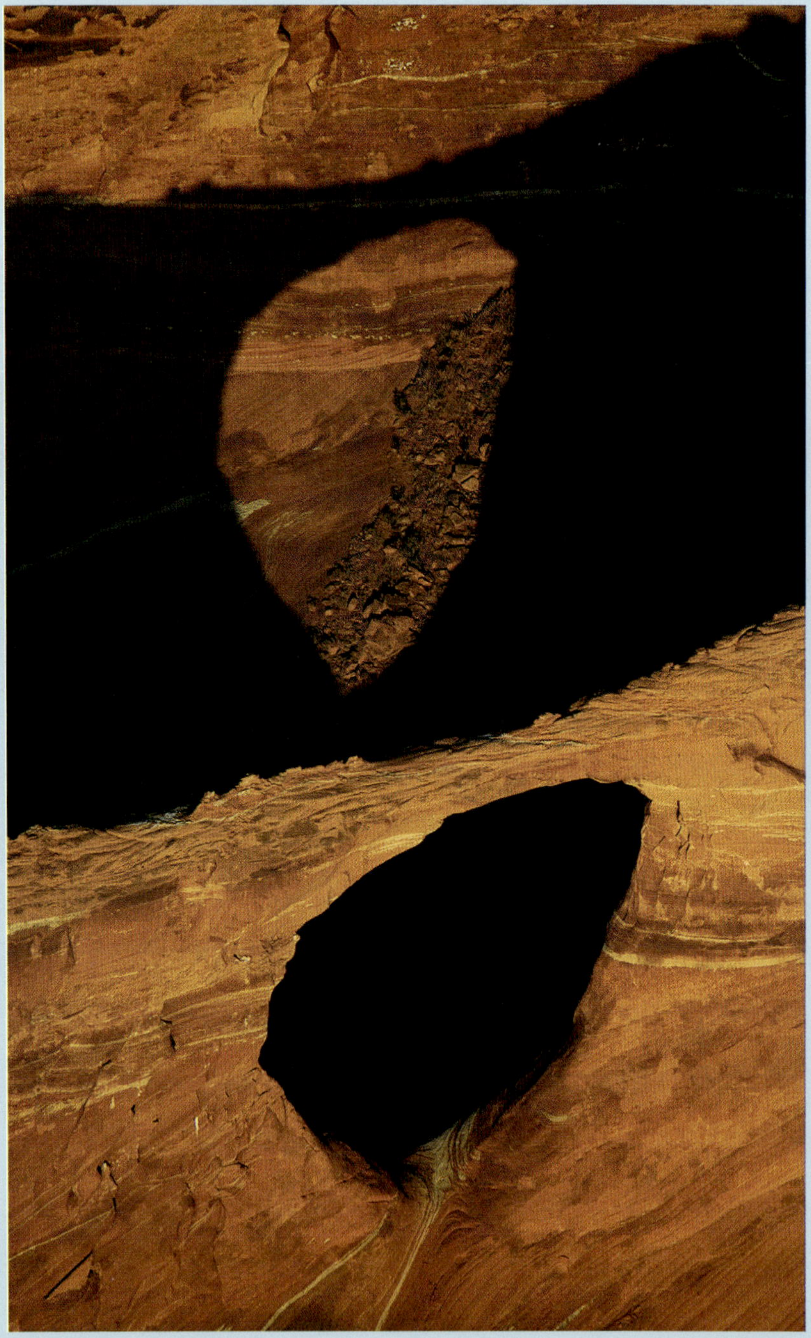

La lumière rase du soleil qui traverse l'ouverture de la paroi rocheuse produit une image purement graphique de lumière et d'ombre. Heisey part en exploration à pied et en avion pour dénicher des endroits comme celui-ci, puis il revient quand la lumière est bonne.

L'avion fut terminé en 1991. Heisey le remorque jusqu'aux coins perdus où il désire faire des photos. Il ne va pas vite (il réalise ses photos tout en volant à environ 60 kilomètres/heure), et son autonomie de vol ne dépasse pas les deux heures. Notre pilote campe près des endroits qu'il désire photographier afin de profiter de la lumière de l'aube et de celle du crépuscule.

« J'ai passé plusieurs années, confie Heisey, à me familiariser avec l'avion et à apprendre comment faire des photos tout en pilotant. Le seul moyen c'était de me jeter à l'eau, et j'ai fait absolument toutes les bêtises possibles, mais je ne vois pas comment j'aurais pu me débrouiller autrement. Pour perfectionner mes photos, j'ai essayé tous les films en vente sur le marché et je les ai tous poussés pour voir comment ils réagissaient. Je voulais apprendre comment traduire sur le film ce que je voyais, alors je faisais des photos d'un paysage, je regardais les résultats, puis j'y retournais et je recommençais. J'ai dépensé plus d'argent en films et en tirages qu'avec l'avion. »

Au bout de trois ans de photo acharnée, Heisey se sentit prêt à montrer son travail. Grâce aux encouragements de Sam Abell et d'autres photographes des ateliers de Santa Fe, il poursuivit ses expériences et son apprentissage. Mais il n'avait pas abandonné son métier : il fallait bien payer tous ces films. Et le métier de pilote présentait d'autres avantages : « Être le pilote des Navajos m'a donné à plus d'une reprise l'occasion d'explorer le pays. J'avais le privilège de le voir à travers les yeux de personnes qui entretiennent des liens intimes avec lui. Du haut des airs, il peut sembler vide et aride, mais je n'ai pas tardé à comprendre que les Navajos le considèrent un peu comme leur terrain de jeu, plein d'énergie et de vie. Ils portent un grand amour à leur pays, mêlé de beaucoup de respect. Comprendre leurs sentiments m'a aidé à faire évoluer ma vision photographique. »

Fin 1995, Heisey quitta son métier pour se consacrer uniquement à la photo. Les années d'études et d'expériences ont porté leurs fruits : « L'un des

Une zone d'agglomération suburbaine empiète sur la nature sauvage. Cette image graphique est à la fois une photo et un message.

éléments les plus importants pour moi, maintenant, c'est la persévérance. Il m'est arrivé plusieurs fois d'aller dans des endroits impossibles où j'ai sérieusement abîmé l'avion, et je me demandais si je voulais vraiment continuer à faire ça. Et puis il y a ces moments où je vois une caractéristique du paysage qui m'inspire tellement que je me rends compte que je ne peux pas ne pas faire ça. Même quand je vole dans un gros avion de ligne, je regarde la terre et je n'ai qu'une idée, c'est de sortir et de prendre des photos. »

Heisey ne ressent pas le besoin de photographier d'autres paysages que ceux du Sud-Ouest : « C'est plus dans mon tempérament d'entretenir une relation profonde et durable avec quelques endroits de la région où j'habite qu'avec beaucoup de coins dans tout le pays. Je préfère les explorer avec mon appareil photo pendant un certain temps, pour essayer de saisir et de communiquer leur mystère et leur pouvoir. Mes photos représentent le bénéfice que je tire de cet engagement à long terme. »

Les conseils de Heisey

- Étudiez des livres de photos aériennes. Notez ce qui vous émeut, puis analysez les photos pour en comprendre la raison.
- Partagez les frais avec quelqu'un qui aime piloter et faites vos photos en vol.
- Empruntez un gyrostabilisateur ou louez-en un. Entraînez-vous à terre, promenez-vous avec pour vous familiariser avec son fonctionnement.
- Appliquez le bracketing à l'exposition et à la composition. Travaillez à fond un paysage, utilisez des objectifs de longueurs focales différentes, prenez des photos horizontales et verticales. Vous découvrirez ainsi de nouvelles idées de photos. Avec le temps, le paysage se révèle à vous.
- Familiarisez-vous le plus possible avec votre matériel, au point de ne plus avoir à y penser et de pouvoir vous concentrer sur le sujet quand vous photographiez.
- Retournez autant de fois qu'il le faut sur les lieux pour obtenir la photo que vous voulez.
- Si vous photographiez tout en pilotant, choisissez un avion aussi simple que possible. Et n'oubliez pas que piloter passe toujours avant les photos.

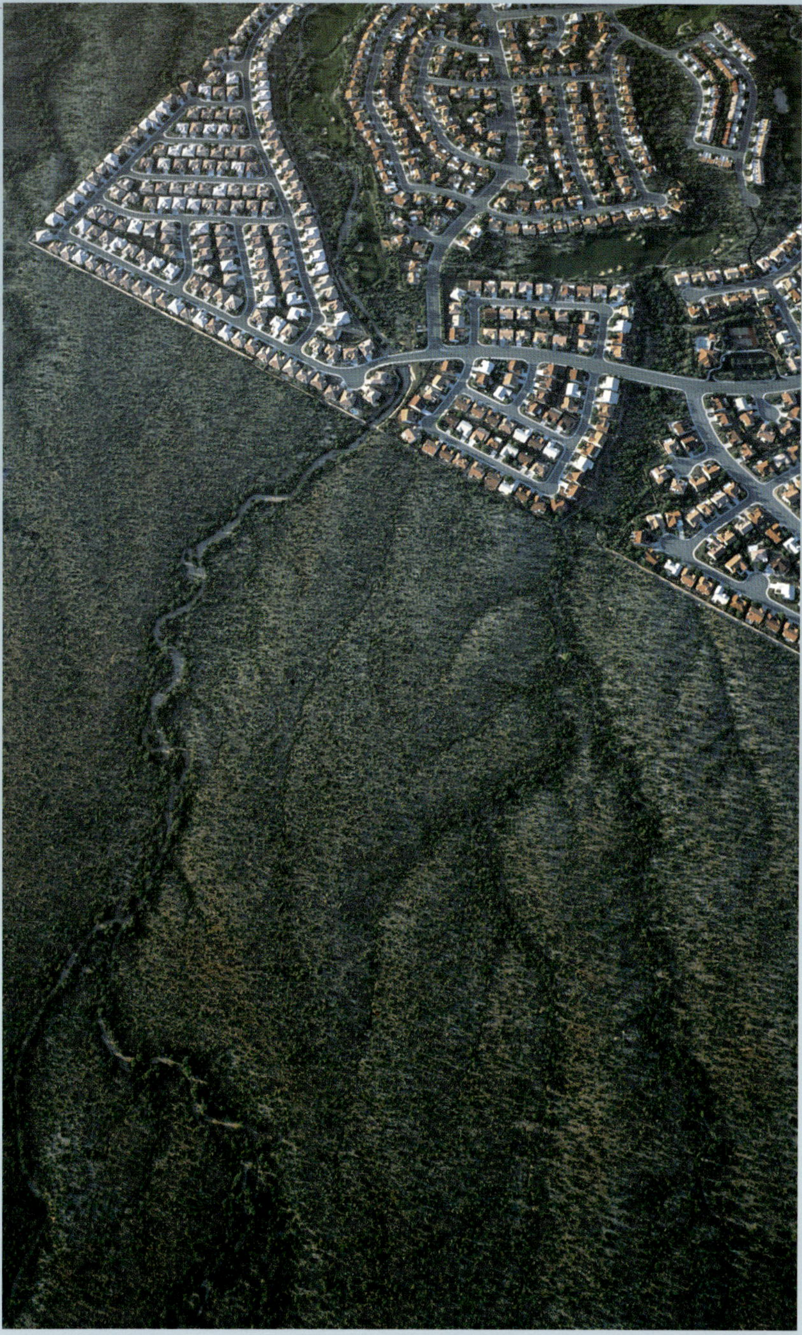

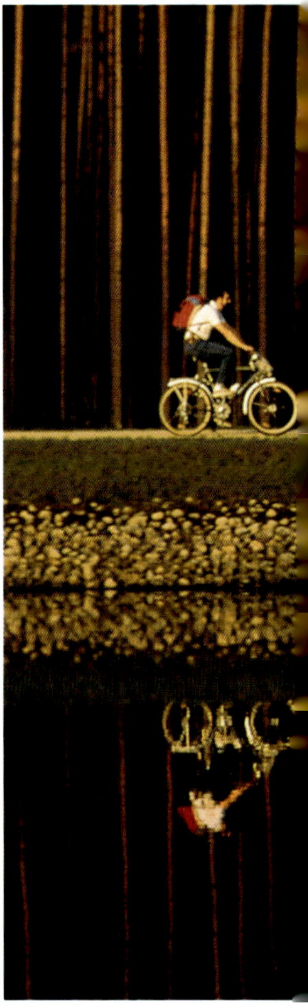

Les rivières et les torrents

SI UNE RIVIÈRE OU UN RUISSEAU traverse la scène que vous photographiez, pensez à son caractère et au moyen de le traduire sur la pellicule. Un grand fleuve majestueux ne peut pas produire la même impression qu'un torrent fougueux. L'eau peut être le centre d'intérêt de l'image, un simple élément de composition (diagonale, ligne directrice, horizontale), ou une forme qui complète d'autres éléments du cliché.

Si vous photographiez un torrent, déterminez sa qualité la plus importante : est-ce la pureté de l'eau, la vitesse à laquelle elle rebondit sur les roches ou les beaux arbres qui dominent ses rives ? Cadrez le cliché de manière à souligner la qualité choisie, puis sélectionnez une combinaison de vitesse d'obturation et d'ouverture qui la mettra encore mieux en valeur. Pour rendre la nature cristalline des eaux, sélectionnez une vitesse d'obturation rapide, afin que l'eau ne soit pas floue, avec une profondeur de champ suffisante pour que les roches du lit de la rivière soient bien nettes. Si c'est la vitesse qui vous intéresse, montrez une eau floue qui permette de sentir cette qualité.

Les reflets

Cherchez attentivement les reflets dans l'eau. Certains mettent en valeur l'image, comme les couleurs des feuilles d'automne, mais d'autres détournent l'attention. Vous devrez peut-être vous déplacer pour les intégrer ou les éliminer, ou revenir quand le soleil sera à un angle différent. Prenez un filtre polarisant pour éliminer une partie des reflets et augmenter

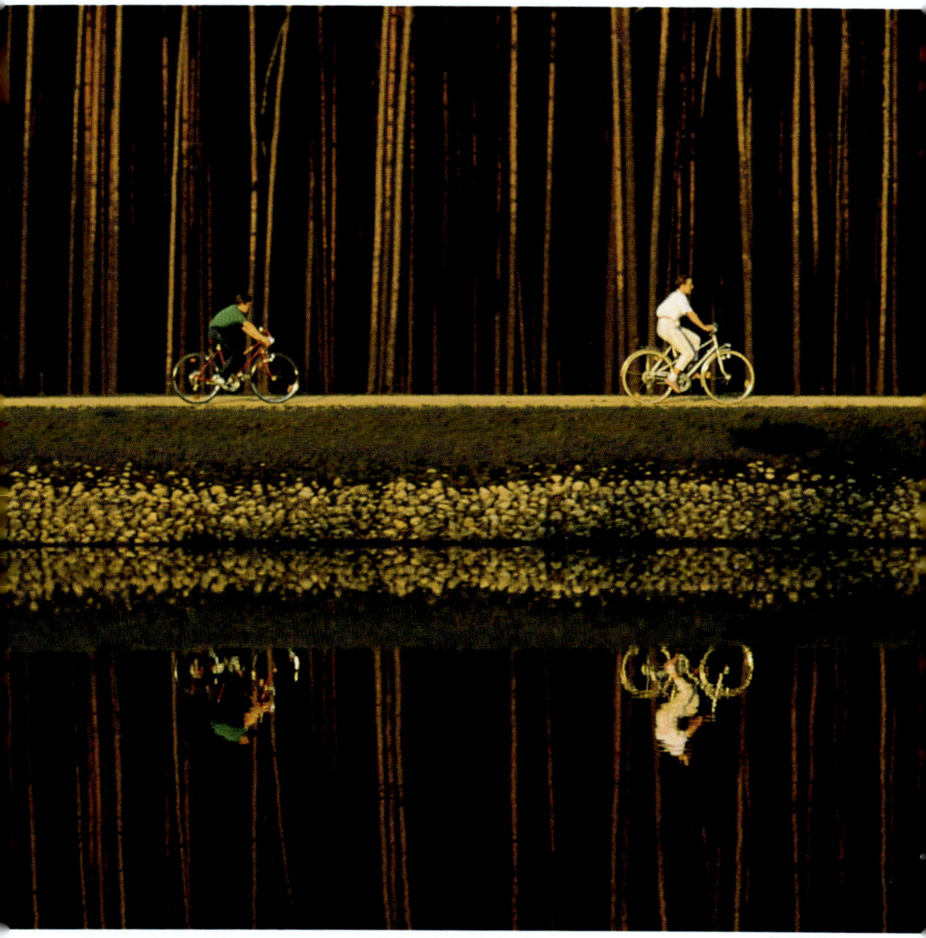

Gerd Ludwig

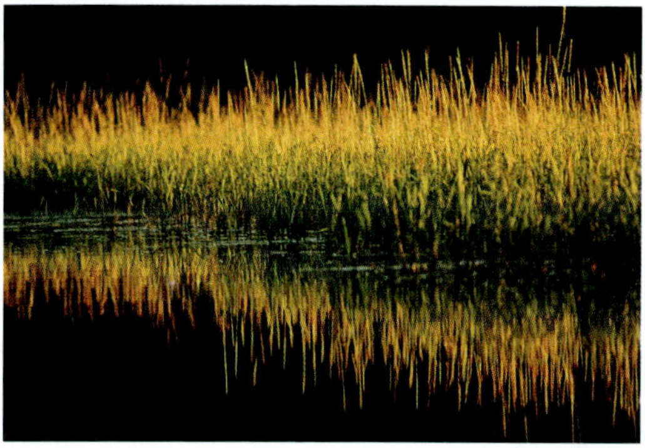

Richard Olsenius

Les reflets créent des fonds fabuleux. Ci-dessus, le photographe s'est servi d'un téléobjectif pour éliminer les éléments indésirables, puis il a attendu les cyclistes. La photo des herbes (ci-contre) est presque purement graphique.

Les lumières parasites dues à la lumière réfléchie par l'eau, le verre ou autres surfaces réfléchissantes peuvent voiler certains détails et ôter aux couleurs leur saturation. Pour les supprimer, servez-vous d'un filtre polarisant, ce qu'a fait le photographe de cette cascade pour la photo ci-contre. Faites-le pivoter jusqu'à ce que vous constatiez que toutes les lumières parasites ont disparu, ou presque.

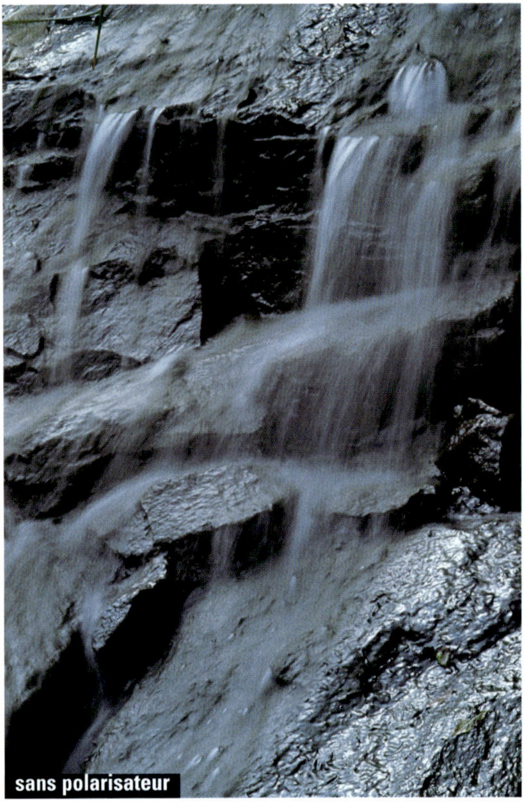

John G. Agnone (ci-dessus et à droite)

le contraste ; faites-le pivoter jusqu'à ce que vous obteniez l'effet souhaité.

Les chutes d'eau

Vous avez deux solutions : le figé ou le flou. Comme avec les rivières et les torrents, pour trouver la bonne approche, pensez au caractère de votre chute d'eau et à la manière de la dépeindre.

Figer l'eau

Le plus souvent, le meilleur moyen de communiquer la puissance de l'eau, surtout s'il s'agit d'immenses chutes, c'est de la figer au moment où elle bascule dans le vide. Pour figer une cascade, il vous faut une vitesse d'obturation d'au moins 1/250, davantage s'il s'agit

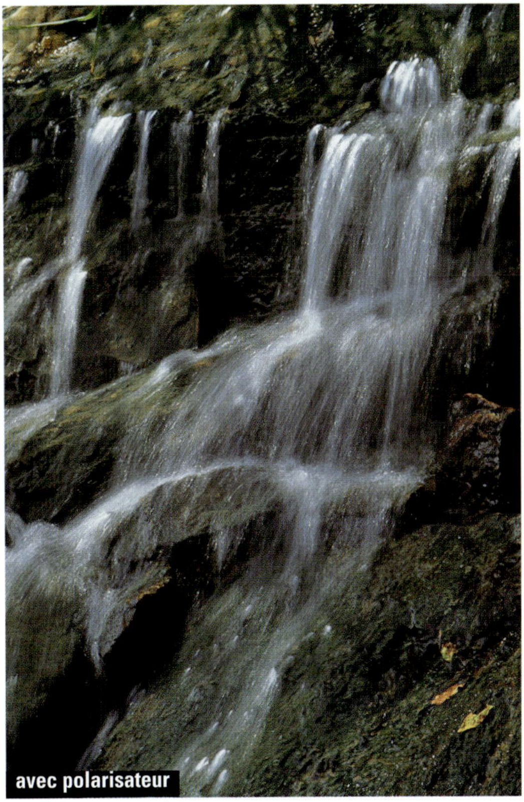

avec polarisateur

Point pratique

Évitez de mouiller votre matériel.
Si vous faites des photos près d'une cascade qui projette beaucoup de gouttelettes, recouvrez votre appareil d'un sac en plastique comme s'il pleuvait.
Si l'appareil ou l'objectif est mouillé, essuyez-le immédiatement et laissez-le sécher au soleil.

d'une cataracte déchaînée qui projette des nuées de gouttelettes d'eau et de brume. N'oubliez pas que plus la vitesse d'obturation est élevée, plus l'ouverture est grande et la profondeur de champ réduite. Veillez à ce que tout ce qui doit être net le soit bien. Si vous n'obtenez pas assez de profondeur de champ, prenez un objectif plus large et rapprochez-vous.

Le flou

La photo d'une cascade floue produit un tout autre effet, la traînée soyeuse douce et blanche de l'eau semblant plus sereine et plus paisible. Pour photographier une cascade floue, il vous faut une vitesse d'obturation d'à peu près 1/8. Utilisez un trépied

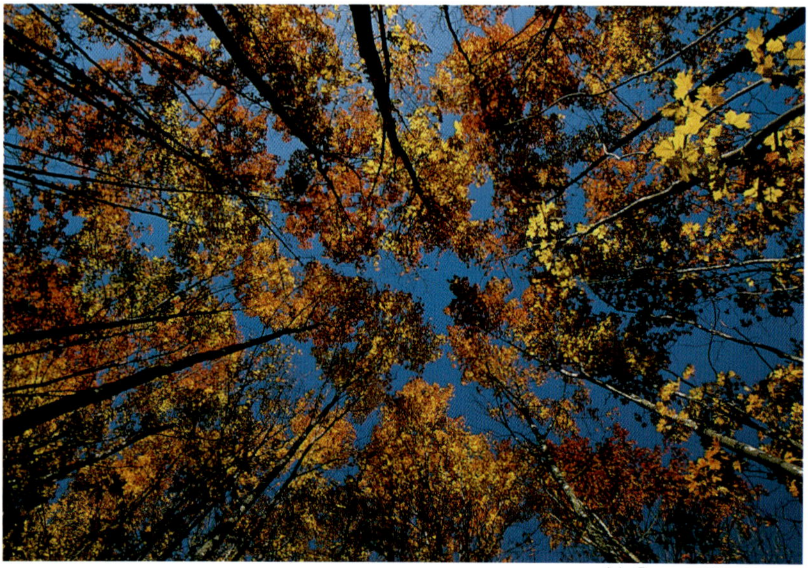

John Eastcott and Yva Momatiuk

Quel genre de forêt photographiez-vous et comment exprimer son caractère ? Cette photo en contre-plongée de feuilles (ci-dessus) met en valeur leurs couleurs sur le fond bleu du ciel, tout en évoquant un temps frais d'automne. À droite, les silhouettes des troncs d'une forêt plus dense apportent une note rêveuse et mélancolique.

pour stabiliser l'appareil, et un déclencheur à distance ou le déclencheur à retardement de l'appareil afin que le boîtier ne bouge pas. Si vous n'avez pas de trépied avec vous, posez l'appareil sur votre sacoche, un rocher ou tout autre objet stable. Vous n'aurez sans doute pas besoin de vous préoccuper de la profondeur de champ à des vitesses d'obturation aussi lentes, mais n'oubliez pas que le moindre souffle de vent peut faire bouger les arbres ou les buissons qui apparaissent dans le plan du cliché.

Les forêts

Quand vous photographiez des forêts, pensez tout d'abord à leur nature et à la sensation que vous sou-

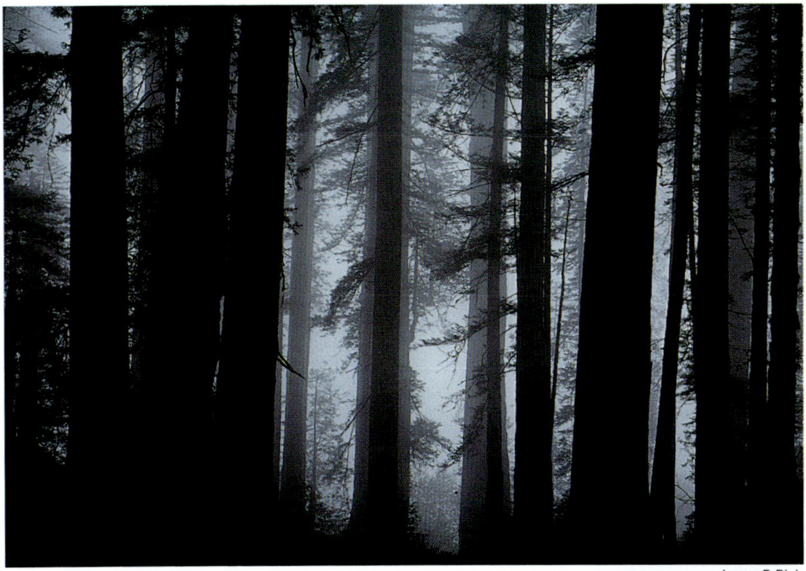

James P. Blair

haitez traduire par votre photo. Est-ce une forêt sombre et mélancolique, ou légère et aérée ? Voulez-vous qu'elle ait l'air ténébreuse ou gaie ? Possède-t-elle des caractéristiques qui révéleront aux spectateurs ce que vous avez ressenti ?

Comme toujours en photo, cherchez le centre d'intérêt : un tronc d'arbre légèrement différent, un sentier sinueux ou la tache de couleur jetée par une vigne vierge. Cadrez de manière à guider le spectateur vers lui. Repérez les puits de lumière qui percent la cime des arbres ou un endroit au sol éclairé directement par le soleil.

Que vous vous trouviez à la lisière ou au plus profond de la forêt, cherchez les motifs, lignes et autres éléments de composition qui peuvent vous servir. Essayez les objectifs grands-angles aussi bien que les téléobjectifs : un objectif grand-angle dressé vers le sommet des arbres soulignera leur verticalité, tandis qu'un téléobjectif comprimera une rangée de troncs. Allongez-vous et regardez vers le haut à travers les branches ; montez dans un arbre pour contempler un sentier en contrebas.

Point pratique

Ne vous contentez jamais de ce que vous voyez dans le viseur au premier coup d'œil. Déplacez-vous, couchez-vous, trouvez un angle différent.

PAGES SUIVANTES : Pour photographier une forêt tropicale humide, il faut un trépied et beaucoup de réflexion. Dans une forêt aussi sombre que celle-ci, le posemètre aura tendance à surexposer tout ce vert foncé.

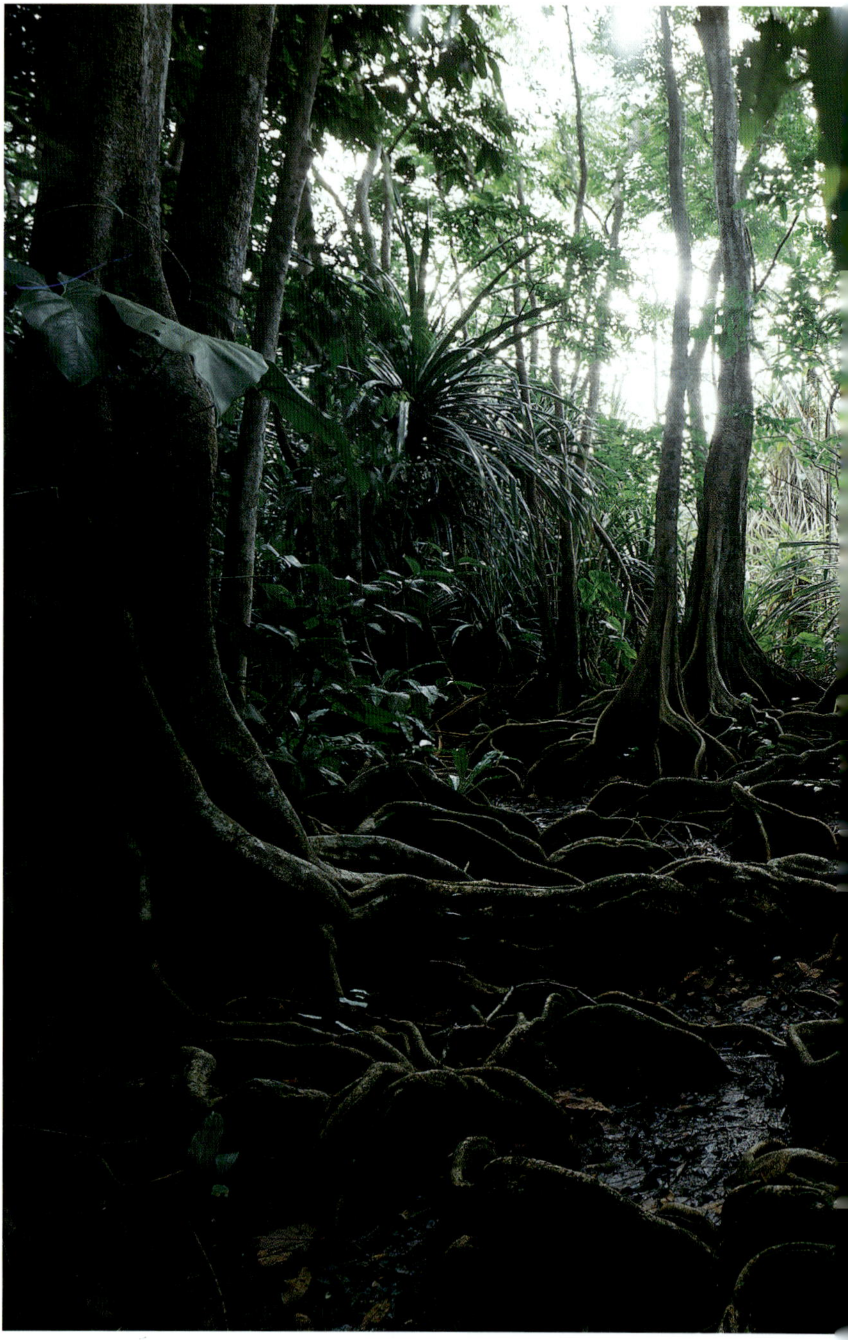

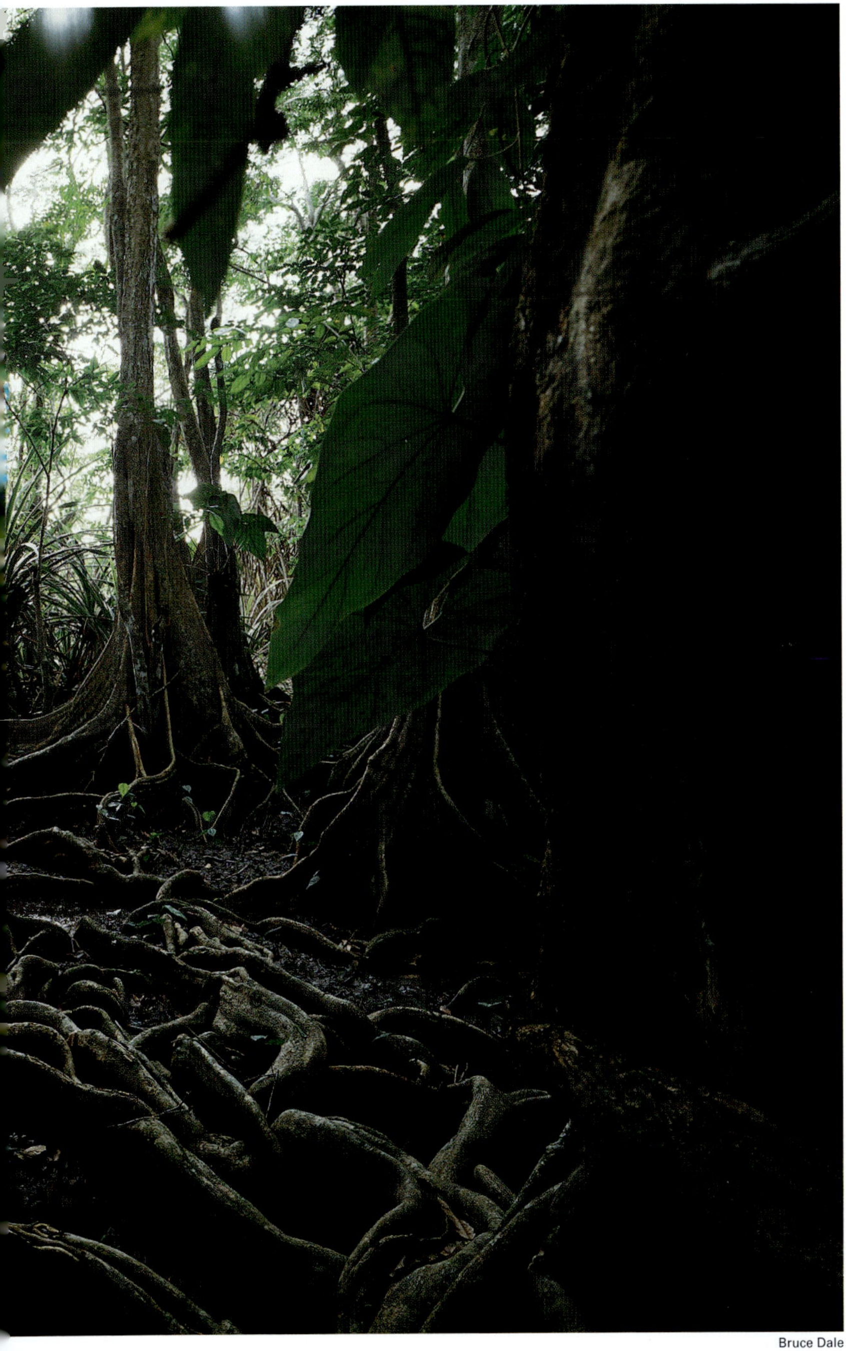

Bruce Dale

Point pratique

À défaut d'une sacoche étanche, servez-vous de sacs en plastique pour garder votre matériel au sec. Mais n'y mettez pas du gel de silice chaud !

Si la forêt est l'un de vos sujets favoris, vous avez intérêt à tester plusieurs films. Les films ne reproduisent pas tous la couleur de la même manière, et certains font peu de distinctions entre des nuances proches de vert – le Fuji Velvia 50, par exemple, est très fort pour enregistrer des nuances subtiles de verts, mais il ne plaît pas à tout le monde. Comparez les résultats et choisissez le film qui convient le mieux à votre travail.

Si vous campez dans une forêt très humide, pensez à protéger votre matériel des champignons

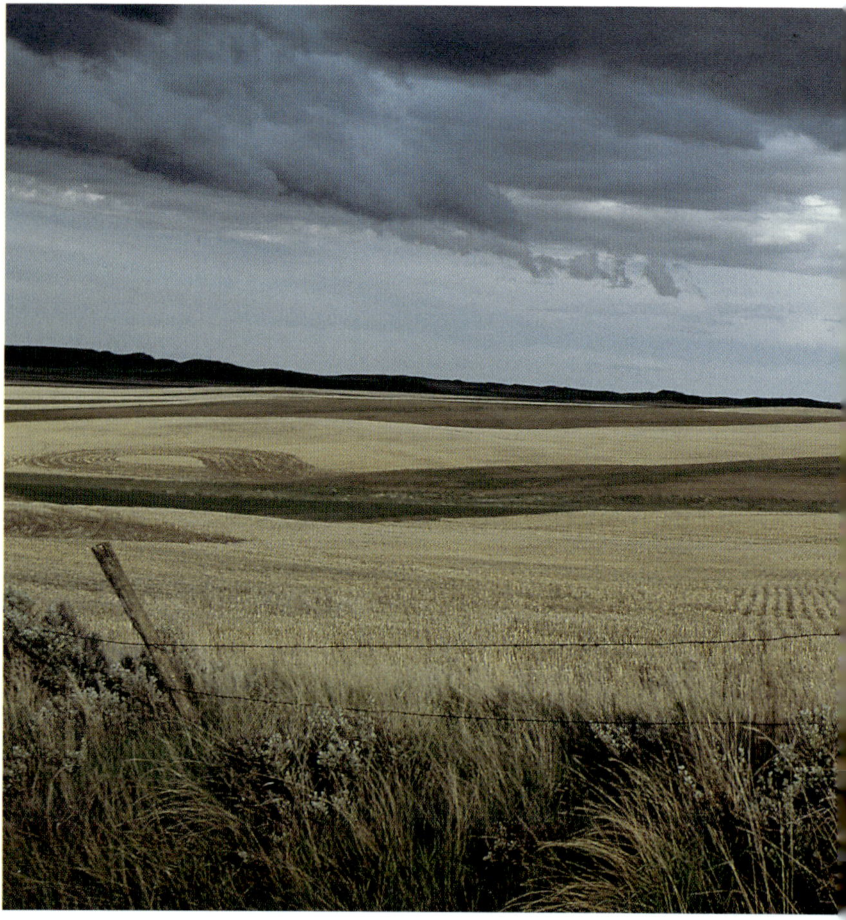

microscopiques. Le gel de silice est très efficace contre ce genre de parasites. Vous pourrez l'acheter dans les magasins de bricolage ou de photographie. Rangez votre matériel avec le gel de silice sec dans une caisse hermétiquement fermée à l'air et à l'eau, à chaque fois que vous ne vous en servez pas. Le gel vire au rose quand il est saturé d'humidité ; vous pouvez alors le faire sécher dans un four ou à la poêle au-dessus du feu (un peu comme du pop-corn). Quand le gel devient bleu, vous pouvez l'utiliser à nouveau.

Les plaines et les prairies racontent l'immensité, notion difficile à photographier. Ce paysage doit sa profondeur au ciel bas, à l'alternance entre les zones d'ombre et de lumière et à la clôture du premier plan.

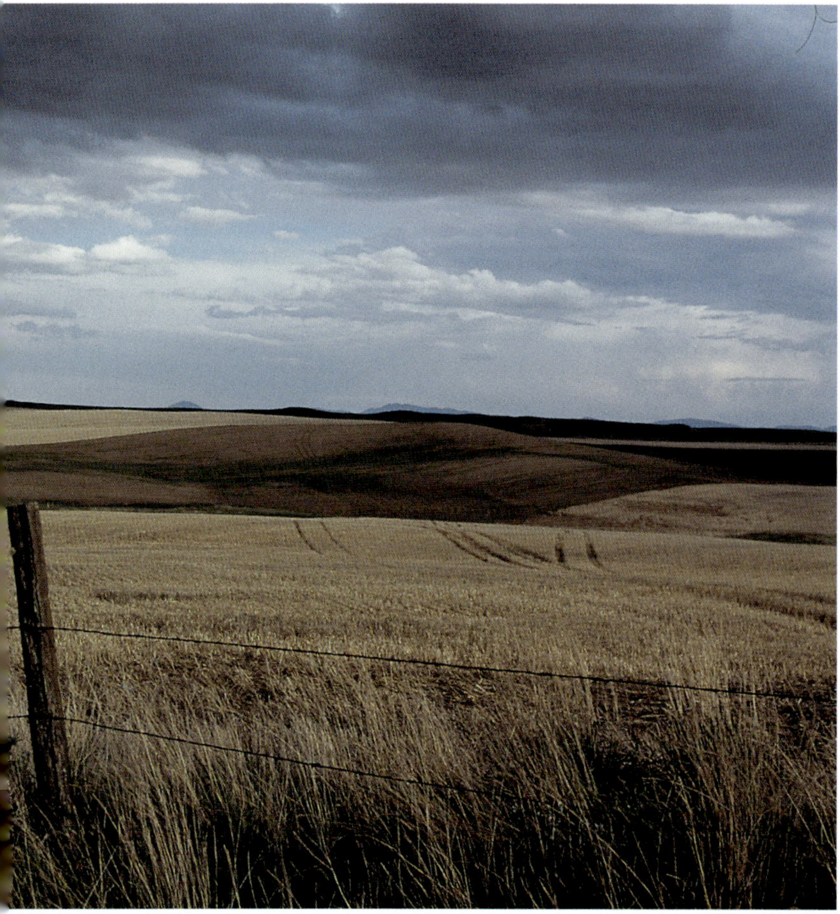

William Albert Allard

Les plaines

Les grands espaces comme les plaines et les prairies sont parmi les plus difficiles à bien photographier, parce qu'ils ne présentent pas toujours un centre d'intérêt. Dans la plupart des cas, c'est l'immensité que vous tentez de rendre avant tout. Mais rappelez-vous que les éléments sont indispensables pour capter le regard de ceux qui contempleront le cliché. Repérez un élément propre à cet endroit et faites-en un centre d'intérêt qui renseigne sur le paysage tout en donnant l'échelle. Il ne faut pas que le regard se perde dans le cliché : utilisez ce que vous trouvez pour le guider dans l'image, une route qui tortille ou une clôture par exemple.

Comme toute forêt, chaque plaine a sa personnalité que vous pouvez découvrir en cherchant un angle et une composition qui la reflètent. Quel est le trait le plus important de ce lieu ? Pensez au ciel et à la place, importante ou non, que vous souhaitez lui donner. Un beau ciel bleu dégagé rendra parfaitement le caractère d'une plaine, tandis qu'une autre sera mieux mise en valeur par un ciel d'orage. Souvenez-vous de la règle des tiers. Si le ciel est important, faites-le descendre jusqu'au tiers inférieur du cliché. Sinon, placez-le sur le tiers supérieur.

Les déserts

Dans le désert, la chaleur est le principal ennemi, pour vous comme pour votre film. Emportez une quantité d'eau suffisante. Photographier le désert n'a rien de comparable avec une simple promenade. Vous porterez sans doute entre 8 et 10 kilos de matériel dans votre sacoche, vous devrez sans cesse aller d'un point à un autre pour trouver de bons clichés. Vous risquez de vous déshydrater sans vous en rendre compte. Essayez de garder vos films au frais, ou du moins de les préserver de la chaleur. Elle risque, en effet, de modifier la couleur des films et

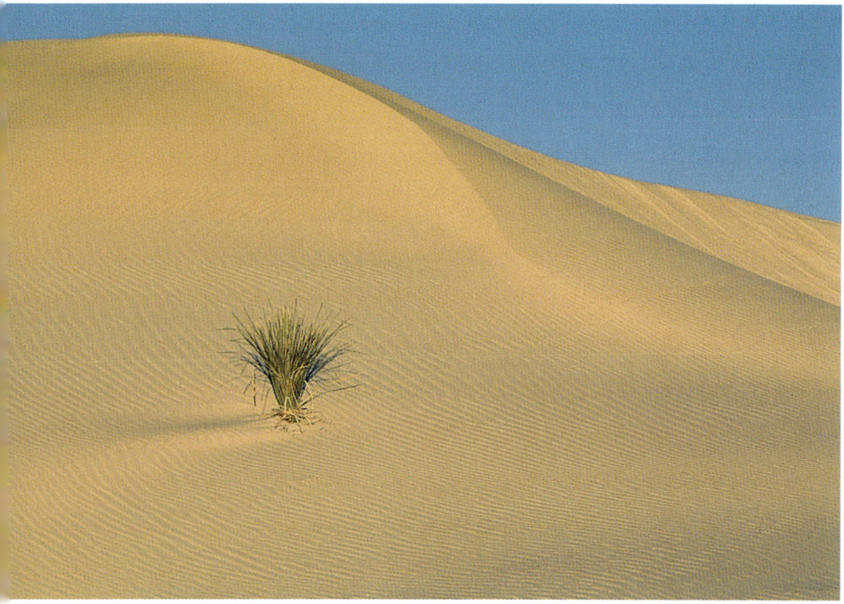

Joyce A. Dale

Le vert de cette plante solitaire offre un vif contraste avec l'étendue vide et sablonneuse de ce paysage de désert. Le photographe s'est servi de l'inclinaison de la dune pour encadrer la plante et a appliqué la règle des tiers pour sa composition.

même de déformer les lentilles ou de provoquer des fuites d'huile dans les appareils. Ne laissez jamais votre matériel ou vos films dans une voiture fermée au soleil. Mettez-les toujours à l'ombre.

Profitez de la fraîcheur de la nuit pour ouvrir toutes vos caisses étanches. Refermez-les dès que vous vous levez pour qu'elles conservent un peu de fraîcheur. Placez vos films dans un récipient isotherme ou une boîte en polystyrène expansé, avec de la glace si possible ; retirez une heure à l'avance les films que vous avez l'intention d'utiliser, afin qu'ils se réchauffent. Si vous demeurez un certain temps au même endroit, enterrez vos films dans le sable : ainsi, ils seront au frais. Creusez un trou assez profond, et n'oubliez pas où il est.

Le sable et la poussière adorent se réfugier dans le matériel, surtout par temps de vent. Ils risquent d'érafler vos films, et le sable peut même gravement endommager les bagues de mise au point de vos objectifs. Protégez votre matériel en le transportant

Ce coquillage solitaire souligne la sérénité de cette plage vide. La scène ne produit pas la même impression dans la pénombre que sous un soleil éclatant. Dans ce type de cliché, qui utilise un élément important au premier plan, pensez à la profondeur de champ. Testez-la si votre appareil le permet.

à l'intérieur de votre sacoche, de votre sac à dos ou d'une caisse quand vous ne vous en servez pas. S'il y a beaucoup de sable, utilisez des sacs pour congélation. Pour changer de film, abritez-vous du vent si possible et à chaque fois que vous ouvrez votre appareil, nettoyez l'intérieur avec un pinceau en poils de chameau ou en injectant de l'air avec une petite poire. Chaque soir, nettoyez tout votre matériel avec le pinceau et la poire. Pour les objectifs, veillez à ce qu'il n'y ait pas de sable sur votre chiffon.

Dans le milieu de la journée, regardez si des vibrations thermiques se forment. Avec un objectif long qui les comprime, vous pouvez en tirer des effets spectaculaires qui évoquent vraiment la chaleur. Les déserts sont des endroits formidables pour photographier les étoiles. Comme il n'y a pas d'humidité, ni en général d'interférence de lumières artificielles, les étoiles semblent plus nombreuses et plus brillantes. La couleur du sable se modifie tout au long de la journée selon l'angle des rayons solaires. Une fois encore, pensez aux caractéristiques du désert et au meilleur moyen de les saisir : vue d'ensemble ou plante isolée sur une dune ? Et le soleil, doit-il figurer sur votre cliché ?

Le littoral

Une île tranquille sous les tropiques aux eaux turquoise venant lécher la plage de sable blanc, des vagues tumultueuses se jetant à l'assaut de rochers en Nouvelle-Angleterre, une anse déserte, une plage bondée... : quel type de littoral êtes-vous en train de photographier ? Quels sont l'heure, le temps et la saison qui conviennent le mieux pour saisir son caractère ? Posez-vous ces questions lorsque vous explorez les lieux, afin de trouver le bon point de vue et la composition idéale, avant de vous mettre au travail. Chaque littoral est différent. Montrez-le sur vos photos.

Une fois que vous avez réfléchi au caractère du littoral, cherchez des éléments qui peuvent renfor-

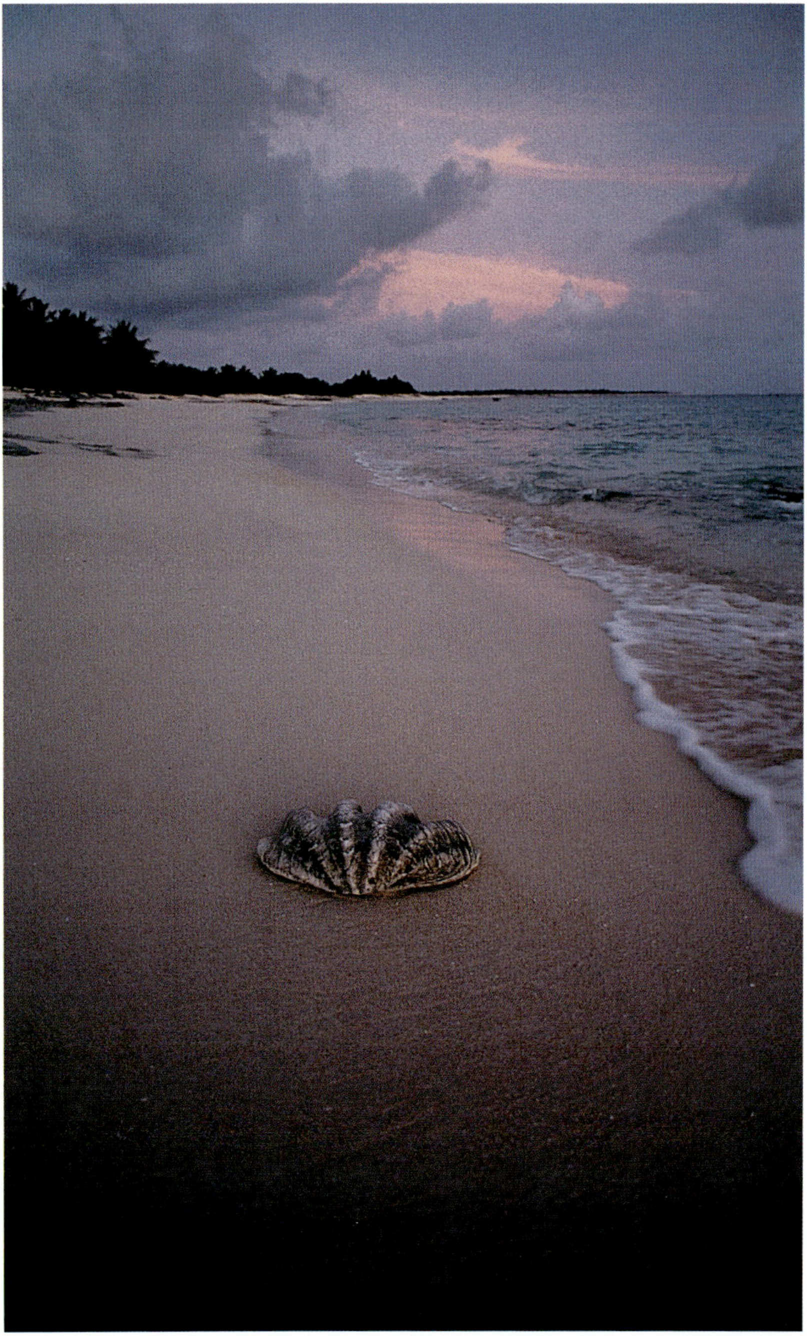

William R. Curtsinger

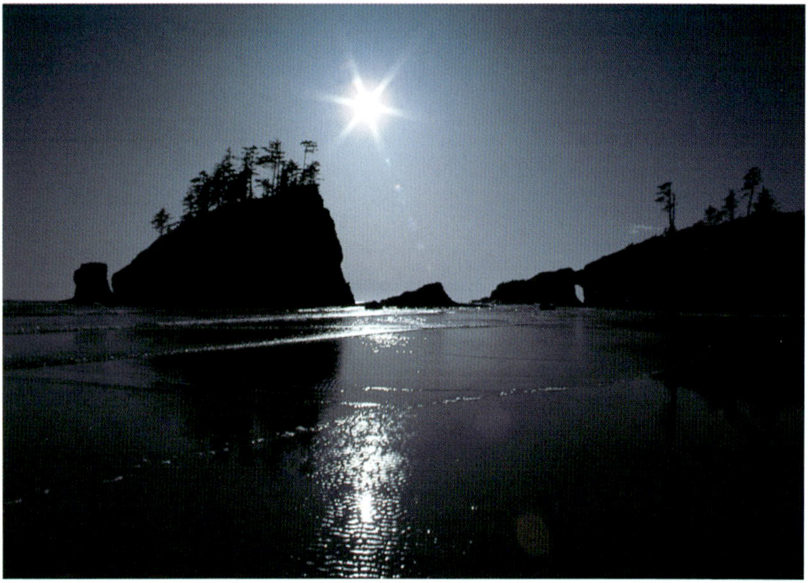

Ne vous contentez jamais de votre première photo. Après avoir réalisé une image intéressante du soleil se couchant derrière un promontoire rocheux, le photographe a remarqué tout en se promenant qu'il pouvait se placer de manière à voir le soleil se coucher dans l'orifice creusé dans la roche.

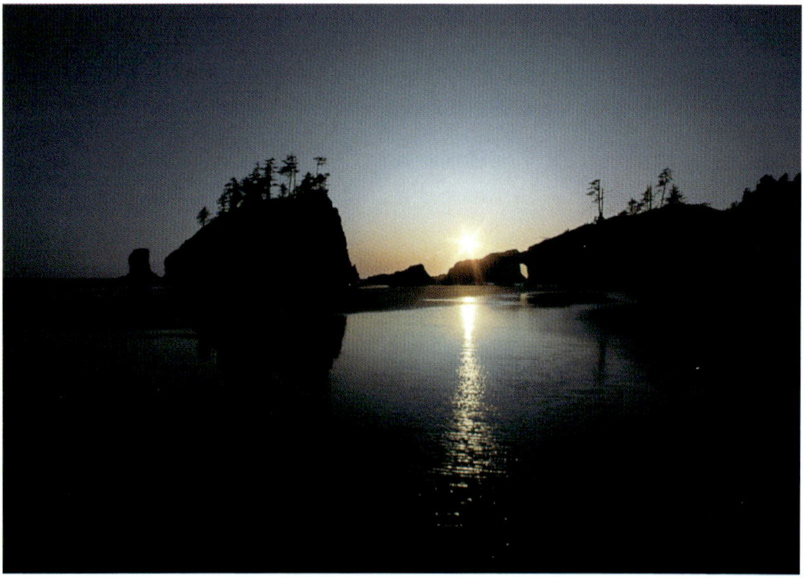

cer cette impression. La plage tropicale sera mise en valeur par des palmiers. La côte rocheuse sera plus impressionnante sous des gerbes d'eau déchaînées. Dans le cas d'une plage surpeuplée, vous avez intérêt à comprimer tout ce monde à l'aide d'un téléobjectif.

Comme dans le désert, protégez votre appareil et vos objectifs du sable, surtout s'il y a du vent, et n'ouvrez pas le dos de l'appareil à moins d'être à l'abri.

Point pratique

Si votre appareil tombe dans la mer, rincez-le plusieurs fois à l'eau douce, puis laissez-le dans l'eau pour éviter toute oxydation des parties métalliques jusqu'à ce que vous l'apportiez chez un réparateur.

Les montagnes

Si vous pouvez vous rendre en voiture jusqu'à votre destination, ou si vous faites partie d'une expédition avec des porteurs ou des mules et que le poids n'est pas votre premier souci, emballez votre matériel dans du caoutchouc mousse à l'intérieur d'une caisse étanche – la plupart de ces caisses ont des garnitures adaptables. Le caoutchouc mousse absorbera la plupart des heurts inévitables, et la caisse protégera votre matériel de la poussière ou des intempéries. Vous pouvez attacher la caisse sur un cadre de sac à

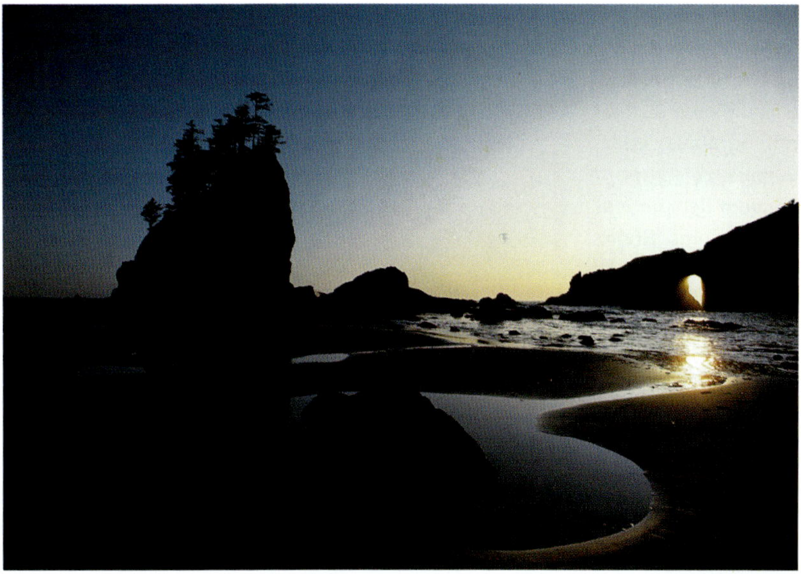

James P. Blair (toutes)

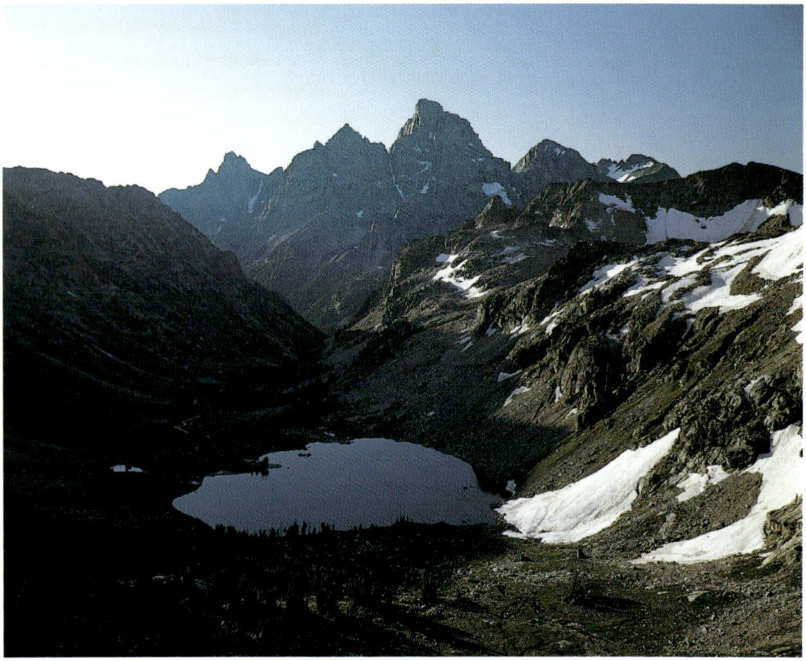

James P. Blair

Les montagnes, en particulier celles qui sont couvertes de neige, peuvent être difficiles à photographier, car le paysage comporte souvent des parties très sombres. Soyez vigilant lors de vos mesures : il ne faut pas surexposer le blanc de la neige, mais il est bon de voir certains détails dans les ombres.

dos pour qu'elle soit plus facile à transporter. Mais gardez au moins un appareil et un objectif à portée de la main pour prendre des photos en marchant.

Cependant, si vous marchez, vous ne devrez emporter que le strict minimum. En général, un grand-angle et un téléobjectif court suffisent. Vous avez d'ailleurs intérêt à choisir plutôt un zoom court (20 à 35 mm) et un zoom long (80 à 200 mm). Gardez le matériel que vous utilisez autour de votre cou ou dans une poche. Mettez le reste dans des sacs en plastique, placez-le au milieu de votre sac à dos, bien enveloppé dans vos vêtements pour le protéger des chocs.

Si vous photographiez en hiver ou au-dessus de la limite des neiges éternelles, essayez de maintenir une température suffisamment chaude pour le matériel. Dans la partie consacrée à la photo dans la neige, nous avons déjà signalé que les grands froids peuvent endommager les piles, l'huile qui lubrifie les appareils et les films. Gardez l'appareil à l'intérieur de votre veste, ne le sortez que pour vraiment prendre une photo, et mettez les films de rechange dans une poche intérieure, afin que l'amorce ne devienne pas cassante et se rompe. Ayez une bonne provision de piles, car elles ne durent pas longtemps dans le froid. Souvenez-vous que la peau colle aux parties métalliques, si le froid est sévère, et que vous avez intérêt à scotcher certaines parties de votre appareil.

Quelle impression vous fait la montagne que vous êtes en train de photographier ? Est-elle sauvage ou douce, menaçante ou enchanteresse ? Repérez les éléments qui la soulignent. Quels sont la composition, l'angle, la lumière et le temps qui conviennent le mieux ? Restez à l'affût des détails pertinents – qui reflètent aussi l'esprit des montagnes.

Les photos aériennes

Ce type de photo constitue un aspect essentiel de nombreux reportages du NATIONAL GEOGRAPHIC. En effet, bien souvent, rien ne vaut une vue aérienne pour rendre l'étendue et la géographie d'un endroit. Elle nous place dans le contexte, et, souvent, des paysages familiers apparaissent sous un nouvel angle. Les photos aériennes peuvent être difficiles à réaliser, car il faut éviter de bouger.

Abordez les photos aériennes de paysage comme s'il s'agissait de vues normales. Concentrez-vous sur la qualité de la lumière et la composition. Vous devez composer les photos aériennes avec tout autant de soin, en vous servant de la règle des tiers, des lignes directrices, etc. Vus du ciel, les motifs sont particulièrement pertinents, qu'ils soient fournis par les rectangles des champs ou la symétrie des dunes.

Vous pouvez prendre des photos aériennes depuis un avion de ligne. La tâche est compliquée par le

Point pratique

À moins d'un cas d'urgence, évitez de rembobiner vos films par très grand froid. L'humidité extrêmement faible favorise l'électricité statique qui peut former des éclairs sur le film. Si vous devez changer de film, rembobinez-le lentement pour limiter les risques liés à l'électricité statique.

hublot souvent sale et couvert d'éraflures en règle générale, et le fait que ce n'est pas vous qui pilotez. Si vous êtes dans un gros avion, essayez de trouver une place avec un hublot propre, à l'avant des ailes et de la fumée des moteurs. Les pare-soleil en caoutchouc sont pratiques ; ils ne transmettent pas les vibrations de l'avion et suppriment les reflets sur les hublots. Ceux des avions étant en plastique, vos clichés risquent de montrer des arcs-en-ciel assez bizarres, si vous vous servez d'un filtre polarisant. Toutes les photos aériennes requièrent une vitesse assez rapide, en général 1/250 ou plus, quoique la vitesse dépende de l'altitude. À très haute altitude, une vitesse d'obturation plus lente peut suffire. Les meilleures occasions se rencontrent au décollage et quand l'avion redescend. Si vous volez au-dessus d'un massif montagneux, vous pouvez réaliser aussi de très bonnes photos à une altitude de croisière.

Point pratique

Demandez à la société de location si certains de ses pilotes ont l'expérience de la photographie aérienne. Le bon pilote peut faire une différence énorme, car il comprendra plus facilement ce que vous recherchez et saura manœuvrer pour mieux vous placer.

Les engins qui volent bas et lentement – un monomoteur, un hélicoptère ou un ULM, voire un dirigeable – permettent de prendre les meilleures photos aériennes. Vous êtes libre de décider de l'altitude et de l'angle, et de voler à l'heure où la lumière vous plaît le plus. Les meilleurs avions sont les monomoteurs aux ailes placées au-dessus de la carlingue, comme le Cessna 206. Ces avions peuvent voler assez lentement, et la plupart ont des portes amovibles, en général celles du passager à l'arrière. Quand vous occupez la place du passager, vous jouissez d'une vue magnifique, mais faites attention aux supports des ailes et aux roues.

Demander à la société de location s'il est possible de retirer la porte d'un hélicoptère ou d'un avion monomoteur, afin de profiter grandement de la vue immense et sans obstacle. Si cette demande vous est autorisée, attachez-vous solidement, gardez la lanière de votre appareil autour de votre cou et placez tout votre matériel à vos pieds. Le vent étant fort, penchez-vous à l'intérieur pour changer les films ou les objectifs.

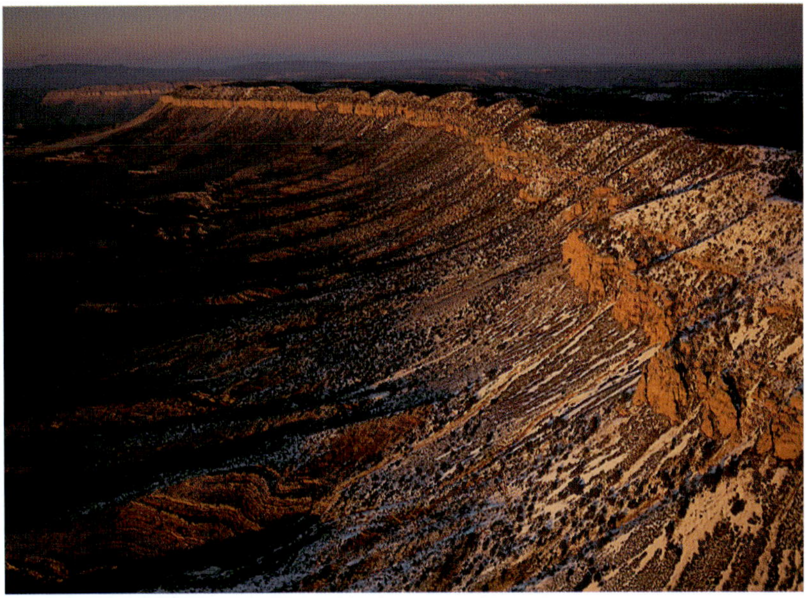

Ci-dessus, la paroi rocheuse semble se dresser au-dessus de la plaine. Ci-dessous, la crête sert de ligne directrice et dirige le regard vers le fond du cliché. Multipliez les compositions comme vous le faites avec l'exposition.

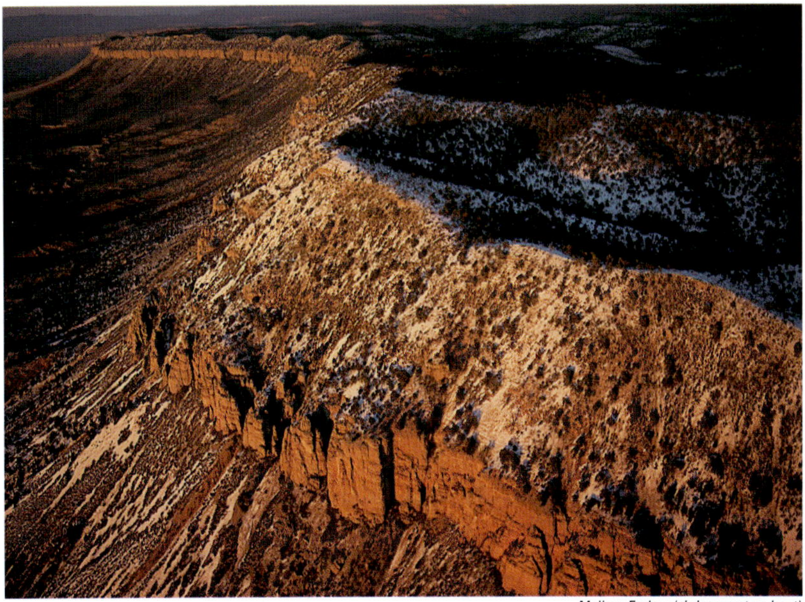

Melissa Farlow (ci-dessus et en haut)

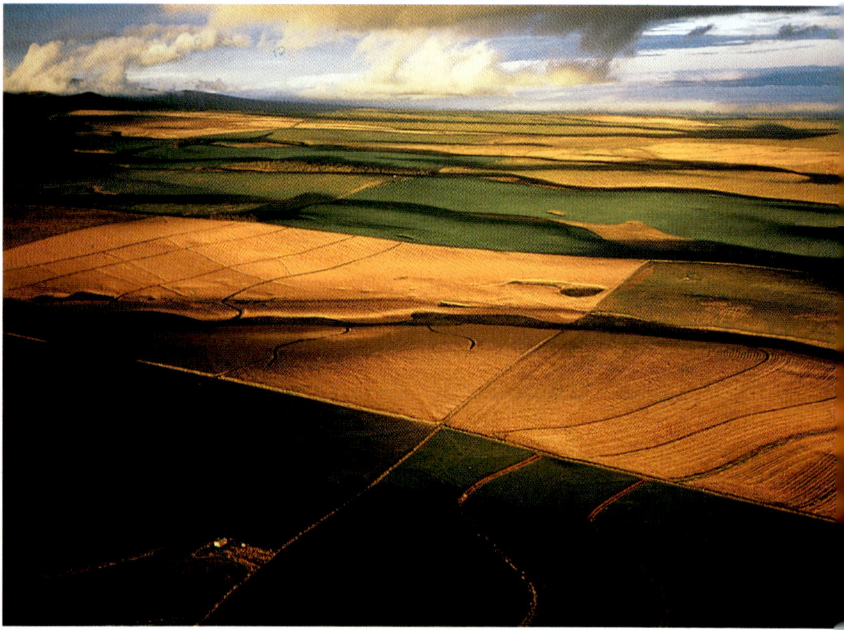

Robert Caputo

Vous serez toujours récompensé de vous être levé tôt. Ici le fabuleux soleil levant rebondit sur les nuages pour baigner le paysage dans une lumière merveilleuse. Les maisons en bas à gauche donnent l'échelle.

Le mieux est de vous entendre avec le pilote avant de décoller. Dites-lui ce que vous voulez photographier, en précisant l'angle et l'altitude. Dessinez-lui un plan afin qu'il sache ce qu'il doit survoler. Effectuez plusieurs passages, parce que vous n'avez que très peu de temps pour photographier à chaque fois. Réglez votre appareil sur l'entraînement auto du film pour prendre le maximum de clichés. Dans un hélicoptère, vous pouvez planer au-dessus de l'endroit idéal une fois que vous l'avez trouvé, mais attention aux vibrations importantes.

Pensez à soignez l'exposition. Les vues aériennes de paysages ont tendance à fausser le posemètre intégré s'il s'agit avant tout de forêts (qui provoquent une surexposition), de déserts (sous-exposition) ou de tout autre paysage sombre ou clair. Visualisez la qualité tonale de la scène, puis ajustez votre exposition en conséquence. Vous avez intérêt à utiliser des films lents pour la finesse de leur grain et le rendu des couleurs, mais vous devez alors choisir une vitesse d'obturation rapide d'au moins 1/250 et davantage si vous vous servez d'un téléobjectif. Les avions et les hélicoptères vibrent plus que vous ne le pensez, et il ne faut pas que les photos en souffrent.

Si vous ne pouvez pas enlever la porte, demandez si vous pouvez ouvrir ou retirer la fenêtre – en général, la fenêtre du copilote s'ouvre sur les petits avions. Si ce n'est pas possible, nettoyez la fenêtre des deux côtés avant le décollage, avec un chiffon non abrasif pour éviter les éraflures. Les fenêtres étant en général en plastique, les filtres polarisants génèrent des effets d'arc-en-ciel. Photographiez de la même manière que depuis le hublot d'un avion de ligne.

Point pratique

Si vous volez dans un petit avion, mettez au point un système de signaux manuels avec le pilote, car il y aura trop de bruit pour parler. Vous pourrez ainsi lui indiquer que vous voulez aller plus haut ou plus bas, plus près ou plus loin.

La présence humaine

Nous avons surtout parlé de paysages naturels jusqu'à présent, mais parfois il est impossible d'éviter des « signes » de la présence humaine, ce qui n'est pas toujours un mal. La ferme isolée, qui nous a servi d'exemple dans un précédent chapitre, est l'un de ces témoignages de la présence humaine qui enrichissent une image. Vous pouvez aussi bien choisir une route ou une clôture qui vous tiendra lieu de ligne directrice. Quelquefois, l'œuvre de l'homme peut renforcer la sensation produite par l'image ou enrichir sa composition. Dans un des paysages photographiés par Ansel Adams – intitulé *Moonrise, Hernandez, NM* – la sérénité de l'image est soulignée par un petit village. Il arrive aussi que les traces de l'homme mettent en valeur un paysage en introduisant un contraste. Si le paysage que vous souhaitez photographier en contient, réfléchissez sur la manière de les intégrer. Ce type de structure est parfois très révélateur d'un lieu, que ce soit un vieux moulin à vent au milieu d'une prairie ou une cabane au fond des bois.

PAGES SUIVANTES :
L'homme et son « œuvre » peuvent parfois mettre en valeur un paysage. Ici, le photographe a trouvé la composition qu'il voulait, puis, il a attendu le passage d'une voiture, pour lui donner une touche finale.

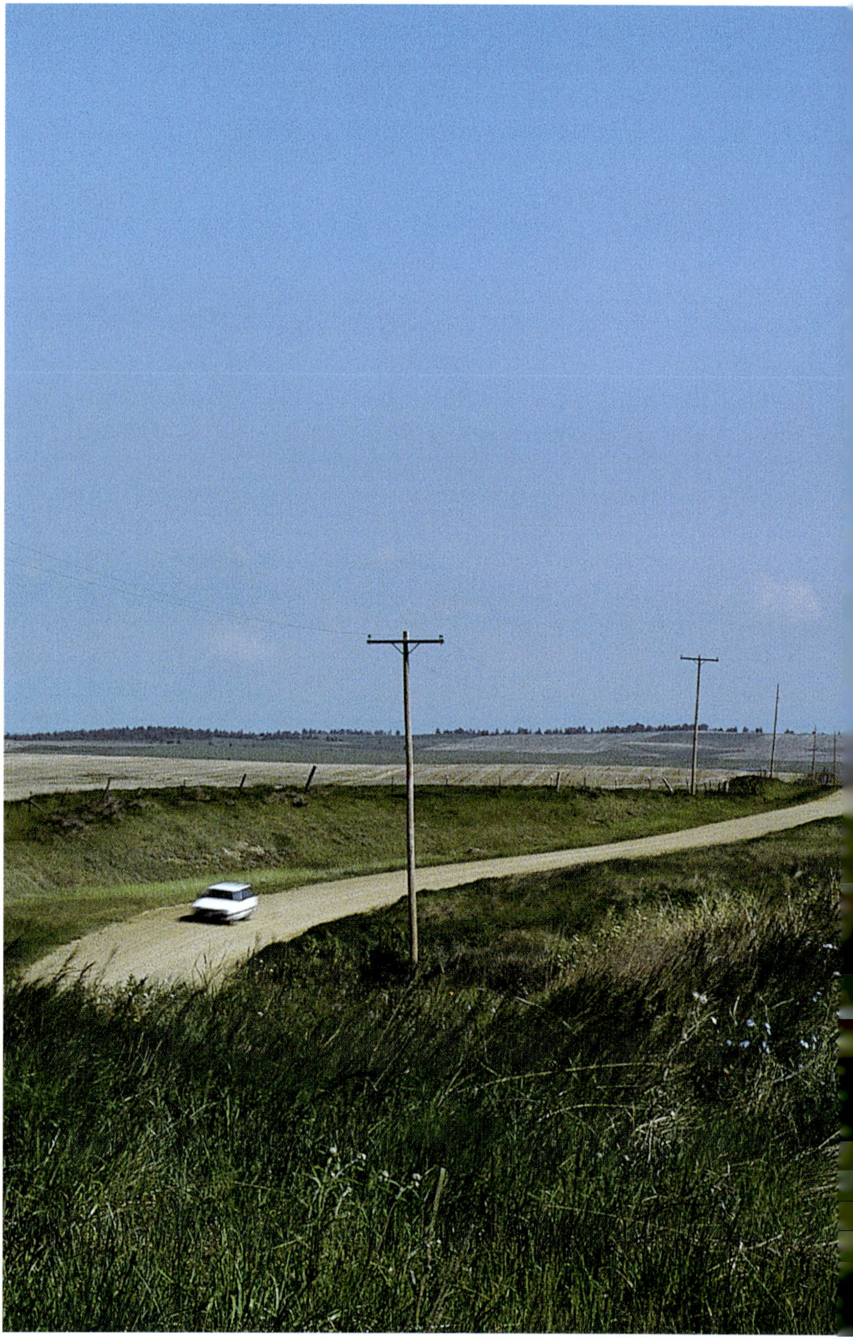

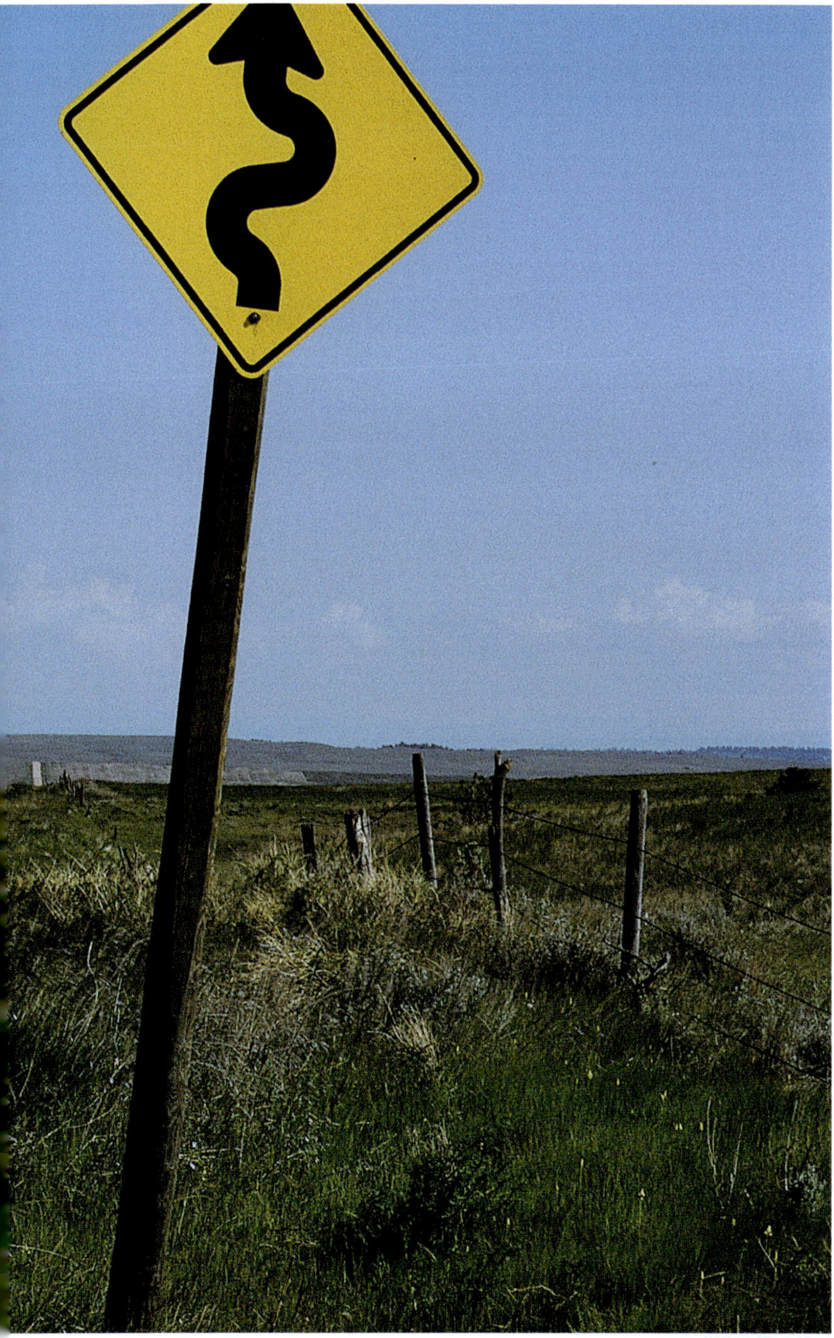

William Albert Allard

ÉQUIPEMENT

sacoche doublée de plaques de polystyrène
boîtier avec cache et courroie
objectifs favoris avec leurs bouchons avant et arrière
pare-soleil
un posemètre manuel
films de différentes sensibilités ou cartes numériques pour les appareils APS
1 pinceau avec soufflette
produit nettoyant et lingettes pour objectifs
trépied, pied et/ou contrepoids
ruban adhésif
flash électronique
boîtier et cellule de rechange, piles de rechange pour le flash
déclencheur souple
manuels

Options

filtres absorbant les UV, antibrume, « skylight » 1A, polarisant, densité neutre, dégradé densité neutre, ambre, bleu
sac ou bâche en plastique pour protéger le matériel des intempéries
tissu absorbant doux ou peau de chamois
gel de silice pour temps humide
1 grand parapluie
sac isotherme et blocs de glace pour canicule
1 boîtier de rechange
1 flash de rechange
1 posemètre manuel de rechange
1 posemètre à cellule au sélénium pour les grands froids
carnet et feutre indélébile
étiquettes adhésives pour marquer les films
lunettes de soleil
bandeaux antistranspirant pour la tête et les poignets
tenue de camouflage pour photos de paysages avec des animaux
carte gris neutre 18 %
sacs en plastique à fermeture hermétique pour stocker les films
dioptrie adaptée à votre vue
réflecteurs
cellule de déclenchement asservie et émetteur radio pour flash électronique
doubleurs de focale
bague-allonge
sac antirayons X pour voyages en avion

Outils

Sac pour changer les films
« Extracteur » de pellicule ou extracteur d'amorce de film
Couteau suisse
Clef à filtre
Clef à pipe
Tournevis de bijoutier
Presselle (ou pince à épiler)
Pinces pour dégripper les articulations de trépied
gomme pour nettoyer les connexions

SITES INTERNET

Les ressources d'Internet en matière de photographie de paysage sont quasiment inépuisables, qu'il s'agisse de sites de photographes, de magazines, de maisons d'édition, de groupes de discussion, d'informations touristiques ou sur la météo, d'itinéraires pittoresques, de matériel photographique, de conseils, etc. L'information peut parfois être très spécialisée. Servez-vous d'un moteur de recherche pour trouver les sites par nom de photographe ou par mot-clé. Nous vous proposons ci-dessous une liste partielle qui vous permettra de vous lancer. Comme le contenu d'un site peut changer ou même disparaître, surfez le plus possible.

Magazines de photo en ligne

Apogee On-Line Photo Magazine
www.apogeephoto.com

www.photographie.com

Revue Photographie
www.revue.com

www.aidda.com

www.dazibao.net

Portfolios en ligne

www.portfolios.com

Photobis, portail photo
www.photobis.com

Photo numérique

www.pixelactu.com

www.cplus.fr/html/photonum

www.megapixel.net

Magazines

National Geographic
www.nationalgeographic.fr

Téléobjectif
www.en-print.fr

Photo
www.photoamateur.net

Chasseur d'images
www.photim.com

Objectif Nature
www.objectif-nature.tm.fr

www.photo.net

Outdoor Photographer magazine
www.outdoorphotographer.com

Organismes

Centre National de la Photographie (CNP)
www.cnp-photographie.com

Associations

www.visapourlimage.com

Fédération photographique de France
ourworld.compuserve.com

GNPP (syndicats de professionnels)
www.gnpp.com

Société française de photographie
www.sfp.photographie.com

Fédération des cercles photographiques
www.belgiumphotography.yucom.be

Apprentissage de la photo

Le B.A-BA de la Photo
www.detonphoto.net

Débuter en photographie
members.aol.com

La Photographie - Christian Judei (Le cours)
www.chez.com/dolphin

Photographie pas à pas
perso.club-internet.fr/aleske/index.html

Photo numérique.com
www.photo-numerique.com

Photogramme - Procédés artisanaux
www.photogramme.org

Techphoto (anglais)
www.techphoto.org

Fabricants d'appareils

www.agfa.fr
www.canon.fr
www.interphoto.co.uk
www.kyocera.com
www.fujifilm.com
www.kodak.com
www.leica-camera.com
www.olympus-europea.com
www.pentax.com
www.rollei.com

Fournisseurs d'accès et hébergeurs gratuits

www.M6.net
www.free.fr
www.chez.com

Magazines en français

Sur la photo
Le photographe
Réponses photo
Chasseur d'images
Photo
Pour voir
De l'air

De photoreportage

National Geographic Magazine
Geo
Terre sauvage
Grands reportages

Ouvrages

Les ouvrages de photographie et de photographes sont très nombreux dans le commerce. Dans la perspective d'une meilleure connaissance des courants de photographie et des styles, rien ne vaut la confrontation avec les regards des grands photographes. Voici quelques pistes et suggestions.

Eugène Atget
Eugène Atget, Andreas Krase, Taschen, 2000
Atget le pionnier, Jean-Claude Lemagny, Exposition du 23 juin au 17 septembre 2000, Marval, 2000
Itinéraires parisiens, Paris-Musées, 1999
Eugène Atget, Françoise Reynaud, Centre National de la Photographie, 1984

August Sander
Photographie, Taschen, 1999
Hommes du XXe siècle, Ulrich Keller, Le Chêne, 2000

André Kertész
Le photographe à l'œuvre, E. Rogniat Presses Universitaires Lyon,1997
André Kertész
The Getty Museum Museum, 1995

Cecil Beaton
Cecil Beaton, C. Spencer, Academy Eds, 1996
50 ans de collaboration avec Vogue *: photographies dessins,* Cecil Beaton, Jean-Baptiste Médina, Herscher.

Édouard Boubat
Parisiens, Peter Turnley, Abbeville Press France, 2000
Images du XXe siècle, Abbeville Press France, 1998
Carnets d'Amérique, E. Boubat, Complexe Eds, 1995
Lella, E. Boubat, Contrejour, 1992

Helmut Newton
Helmut Newton's illustrated,
Assouline Eds, 2000

Helmut Newton, Centre National de la Photographie, 1999

Sebastiao Salgado
Exodes, Sebastiao Salgado, de La Martinière Eds, 2000

La Main de l'homme, Sebastiao Salgado, de La Martinière Eds, 1998

Éric Valli
Himalaya – L'enfance d'un chef, Eric Valli, Debra Kellner, de La Martinière Eds, 1999

Nomades du miel, Eric Valli, de La Martinière Eds, 1998

Les Voyageurs du sel, Eric Valli, Diane Summers, de La Martinière Eds, 1994

Les photographes du National Geographic

Un regard sur le monde, James Stanfield, 1999

Cuba, David Alan Harvey, 2000

Australie, Sam Abell, 2000

Femmes photographes, 2000

Photographies, Hier et Aujourd'hui, 2000

Au cœur du Vatican, James Stanfield, 2000

Le Tigre, Michael Nichols, 2000

Grands chasseurs sous la lune, Beverly Joubert, 2000

Jardins, Sam Abell, 2001

Robert Caputo écrit et photographie pour le NATIONAL GEOGRAPHIC depuis 1980. Son travail, régulièrement récompensé par des prix, est également publié dans de nombreux autres magazines. Il fait l'objet d'expositions internationales. Caputo est aussi l'éditeur de deux ouvrages pour enfant sur la faune et de deux ouvrages sur la photographie, *Journey Up The Nile* and *Kenya Journal.* Il a également écrit le commentaire du documentaire du NATIONAL GEOGRAPHIC : *Zaïre River Journey.* Il a renouvelé cette expérience, en tant qu'auteur et producteur associé pour le film *Glory & Honor* (TNT Original), qui retrace l'exploration du pôle Nord. Il vit à Washington, DC.

M

N

O

P

R

S

T

V

Z

NATIONAL GEOGRAPHIC
Guide pratique de la photo
Paysages de Robert Caputo
est une publication de la NATIONAL GEOGRAPHIC SOCIETY.

Président-directeur général : John M. Fahey, Jr.
Président du conseil d'administration :
Gilbert M. Grosvenor
Vice-président : Nina D. Hoffman

Réalisation éditoriale :
Vice-président et éditeur en chef : Kevin Mulroy
Directeur-adjoint : Charles Kogod
Directeur artistique : Marianne R. Koszorus

Ont participé à la réalisation de ce livre :
Chef de projet et responsable iconographe : John G. Agnone
Responsable éditoriale : Toni Eugene
Responsable artistique : Cinda Rose
Documentaliste : Charlotte Fullertone
Consultant : Bob Shell
Directeur de la fabrication : R. Gary Colbert
Responsable du projet en fabrication : Lewis R. Bassford
Assistante iconographe : Sharon K. Berry

Production et contrôle de la qualité :
Directeur : George V. White
Directeur associé : John T. Dunn
Chefs de projet : Vincent P. Ryan, Gregory Storer
Responsable du budget : James J. Sorensen

Réalisation éditoriale
G+J / RBA, pour NATIONAL GEOGRAPHIC France
Direction éditoriale : Françoise Kerlo
assistée de Marilyn Chauvel
Chef de fabrication : Alexandre Zimmowitch

Adaptation : Bookmaker
Coordination éditoriale : Magali Yassini
Conception graphique de la couverture :
Irène de Moucheron
Traduction : Virginie de Bermond-Gettle
Consultante pour l'édition française : Laurence Vidal

ISBN : 2-84582-049-6

Première institution scientifique et pédagogique à but non lucratif du monde, la NATIONAL GEOGRAPHIC SOCIETY a été fondée en 1888 « pour l'accroissement et la diffusion des connaissances géographiques ». Depuis lors, elle a apporté son soutien à de nombreuses expéditions d'exploration scientifique et fait découvrir le monde et ses richesses à plus de neuf millions de membres par le biais de ses différentes productions et activités : magazines, livres, programmes de télévision, vidéos, cartes et atlas, bourses de recherche. La NATIONAL GEOGRAPHIC SOCIETY est financée par les cotisations de ses membres et la vente de ses produits éducatifs. Ses adhérents reçoivent le magazine NATIONAL GEOGRAPHIC – la publication officielle de l'institution. Le magazine existe en français depuis octobre 1999.

Visitez le site web de NATIONAL GEOGRAPHIC France :
www.nationalgeographic.fr

Couverture :
© R. Ian Lloyd

Dépôt légal : août 2002
Impression : Cayfosa- Quebecor (Barcelone)